JN410283

그리움도 선물이다

2019 · 제22집

(사)창작수필문인회

그리움도 선물이다

1판 1쇄 인쇄/ 2019년 11월 25일
1판 1쇄 발행/ 2019년 11월 30일

지은이 / 창작수필문인회
펴낸이 / 우 희 정
펴낸곳 / 도서출판 소소리

등록 / 제300-2007-21호
주소03073 서울 종로구 성균관로5길 39-16
전화 / 765-5663, 010-4265-5663
e-mail: sosori39@hanmail.net
www. sosori.net

값 12,000 원

*잘못된 책은 바꿔드립니다.

ISBN 979-11-5891-130-0 03810

보석 닮은 마음을 모으는 일

한 권의 동인지를 엮음은 보석 닮은 마음을 모으는 일입니다.

조명 받던 시절보다 귀중한 인생후반에 더욱 담금질이 필요하다는 눈빛 선한 분, 어린 시절 도라지에 얽힌 이야기를 전래동화 도령처럼 가져오시는 분, 오솔길 걸으며 희미한 영상처럼 지혜로운 인생을 조언하시는 분, 그리움을 달빛 소리에 얹어 보내신 달맞이꽃 닮은 여인 등….

수많은 마음의 빛깔과 모양을 수채화처럼 펼쳐놓은 창수문인 여러 분의 마음밭은 보석으로 가득 찬 별빛나라입니다.

한 분 한 분 정성스런 마음을 선물상자에 담아 배달하겠습니다. 환하게 웃으며 달려나오실 회원님을 기다리며 앵두빛 꽃차를 준비하겠습니다. 어지러운 꽃밭을 정갈하게 꾸며주신 소소리 우희정 선생님께 감사드립니다.

2019년 11월

사단법인 창작수필문인회 회장 **남복희**

▷ 차 례

2. 술 익는 마을에서

3. 어느 날 문득

4. 감나무가 있는 풍경

5. 장바구니의 미술관

추모 특집

1.

모과 향기

모과 향기

박춘민

4월이 되자 우리 동네 모과나무도 꽃을 피웠다. 얼룩덜룩한 수피에 잔가지들이 엉성하더니 푸른 잎과 분홍색 화사한 꽃으로 눈길을 끈다. 꽃이 지고나면 곧 열매가 맺히리라. 새삼 지난 일이 생각나서 걸음을 멈춘다.

퇴임을 하고 난 해의 11월, 늦가을이다. 자그만 택배상자가 집에 배달되었다. 발신처를 보니 마포 한강 가에 있는 절두산 순교성지였다. 무엇일까? 몹시 궁금했다. 상자의 모양 크기 무게로 보아 사기로 만든 물 컵 같았다. 부활절 때 선물 받은, 병아리 기념품을 떠올린 것이다.

서둘러 상자를 뜯었다. 아! 뜻밖에 모과가 들어있지 않는가. 어른 주먹보다 크고 노릇하게 익은 모과 한 개다. 나무에 달린 참외 같은 열매라서 모과라고 한다더니 영락없이 참외를 닮았다. 제법 향기가 나고 겉은 씻었는지 매끈했다. 모과를 꺼낸 상자 한 쪽에서 작은 메모지 한 장이 나왔다. 주임 신부님께서 보낸 짧은 편지였다.

† 찬미 예수.
올해는 성지 뜰에 모과나무가 풍년을 맞았습니다.
감기예방에 좋다고 하니 차로 만들어 드십시오.
늘 평화가 함께하시기를.
○○년 ○월 ○일 주임신부 B 드림

성지의 후원 회원에게 보낸 가을선물이었다. 어떻게 모과를 선물하기로 생각하셨을까. 역시 신부님은 우리와는 다른 맑은 마음을 지니셨다. 후원회비라야 겨우 월 1만원씩 낼 뿐인데, 후한 대접을 받으니 미안스러웠다. 순교성지 뜰에서 수확한 귀한 열매. 어떤 값비싼 물건이 대신하랴. 성한 것만을 골라 다치지 않게 싸서 알맞은 상자에 일일이 챙겨 넣는 등 애써 보내주신 모과의 향이 집안에 은은하게 풍겼다. 모과는 겨우내 거실의 탁자 위에 놓아두었다가 대보름이 지났을 때 따끈한 차로 만들었다.

신부님들은 어느 분이나 어려우면서도 따뜻하시다. 그중에서도 주임신부님 같은, 더 기억에 남는 분이 계신다. 언젠가 토요일, 3시에 시작하는 특전미사에 참여하려고 성지를 찾았다. 미사시간이 촉박하여 바쁘게 성당언덕을 오를 때였다. 인기척이 나더니 "자매님, 제가 가야 미사가 시작됩니다. 천천히 오세요." 하시며 주임신부님이 앞서 올라가시는 게 아닌가. 강바람에 희고 긴 수단자락을 펄럭이며 언덕을 오르시는 뒷모습이 어찌 그리 아름다운지. 멀리서 서둘러 성지를 찾아온 내게는 큰 위안의 말씀이었다. 그 뒤 신부님은 1년여 계시다가 새 임지로 떠나셨다.

몇 해 전, 여름내 입원치료를 받던 남편의 병세가 10월로 접어들자 눈에 띄게 호전되었다. 우리는 퇴원을 앞두고 적응훈련 겸 며칠간 산책시간을 가졌다. 그날은 평소보다 더 멀리 가보기로 하고, 휠체어에 남편을 태운 채 병원 뒤의 야산에 올랐다. 옛적에는 궁궐에 속하여 보름날이면 비빈들이 달맞이를 했다는 야트막한 산이다.

산 아래에 이르러 잠시 쉬기 위해 휠체어를 나무그늘로 밀었다. 마침 그곳에는 야생 모과나무 한 그루가 자그만 열매를 여린 가지 끝에 대롱거리고 있었다. 그 사이로 하늘과 멀찍이 흰 병동귀퉁이도 내려다보였다. 가을바람이 서늘하고 상쾌하여 휠체어를 놓고 한숨 돌리는데, 남편이 갑자기 엉거주춤 일어났다. 그리고 발 앞에 떨어져있는 모과 한 개를 가까스로 주워들더니 내게 건넸다. 평생을 함께한 나이 든 짝에게 작고 못난 모과라도 쥐어주고 싶었던 것일까. 마지막 선물이었다.

과일가게 망신은 모과가 시킨다던가. 대다수의 열매는 보기에도 예쁘고, 저마다의 향내를 풍기며 먹음직스럽다. 하지만 모과는 어떤가. 전해 내려오는 말에 모과를 보면 세 번이나 놀란다고 한다. 너무 못생겨서, 너무 맛이 없어서, 너무 향기가 좋아서라고 한다. 그런데 모과는 그 놀라움뿐이 아닌, 한 가지 더 내 추억의 향기도 지니고 있다. 그것은 사제(신부님)의 따스한 마음과 생의 끝자락에 보여준 남편의 진솔한 사랑이다.

만일 내게 뜰이 있다면 먼저 모과나무를 심고 싶다.

소쩍새 울다

고희숙

저녁 식탁에 부부가 마주 앉았다. 타박을 하지 않을 것이란 걸 알기 때문일까. 국도, 찌개도 없는 썰렁한 저녁상을 들이밀고도 그녀는 미안한 기색이 없다. 남편은, 데우지도 않은 썰렁한 밥에 신김치 국물을 끼얹어 쓱쓱 문지른다. 그녀도 따라 김치 국물을 뜨며 무슨 말을 하려는지 입술을 달싹거리다 만다. 그래도 그리 먹고 살진 않았는데. 오늘은 가스불 지피는 것조차 귀찮은 모양이다. 지난 주말에 담가놓은 오이김치와 파김치도 있건만 아예 꺼내지도 않았다. 행여 아들 내외가 올까봐 내리 세 주 째 같은 김치를 담그지 않았던가. 바쁘면 오지 말라고, 추석에 오면 되지 않느냐고 말은 해 놓고 아들이 좋아하는 김치를 연거푸 버무리는 심사는 무엇이었을까. 부모가 자식에게 마지막으로 해줄 수 있는 것이 놓아 주는 것이라는데. 한참 더 아픈 연습이 필요할 것 같다.

식탁에선 보이지 않는 텔레비전 화면이 밝았다 어둡기를 반복한다. 무슨 내용인지 시끄럽기만 하다. 리모컨이 가까이 있는데도 그냥 내버려 둔다. 텔레비전마저 꺼버리면 어둠이 집을 온통 삼켜 버릴 것만 같아서다. 갈아끼운 지 얼마 되지도 않은 식탁 위 형광등은 어느새 거무스름한 것이 어둑한 마음을 더욱 부추기는 것 같다. 얼마 전 그녀는 옹기로 만든 밥공기가 있어 사들고 왔었다. 몸에 좋다는 이유 때문이 아니었다. 짬만 나면 물 바께쓰(bucket)를 들어다 윤기가 흐르도록 닦아대던 엄마의 장독대. 그 장독대에 옹기 두루미를 덮어 두었던 작은 뚝배기가 생각나서였다. 질그릇에 수저가 닿으며 달그락 거리는 소리가 그나마 식탁 위의 무거운 정적을 깨워준다. 김치 국물에 말은 밥을 뜨며 그녀는 흘낏 남편을 쳐다본다. 오늘 무슨 일이 있었느냐고 묻지 않는 그가 고맙다.

해마다 억새꽃 한 줄기씩 올라오는 초가실이 되면 그녀는 어김없이 철앓이를 한다. 식어가는 햇살 사이로 찬바람이 일면 그녀는 그 바람에 밀려 한나절씩 헤매다 어둑해서야 돌아오곤 했었다. 해거름 서녘 하늘에 걸쳐있는 초가을의 햇살을 목마르게 바라보던 억새. 어느 때부터인지 알 수는 없다. 시리도록 처연해 보이던 그 은빛 억새꽃의 모습이 오래도록 그녀의 가슴에서 지워지지가 않았다. 한 바퀴 휘돌아 다시 물가로 갔을 땐 대가 댁 마나님만치나 고독하면서도 도도하고 오만해 보이기까지 하던 억새는 영락없이 추한 할머니 몰골로 변해 있었다. 그리도 반들거리던 꽃은 자식을 대여섯이나 뽑아내고 진기를 빼앗겨 버린 푸석한 얼굴을 하고선 찬바람을 온몸으로 받아내고 서 있다. 악을 써대던 더위가 한풀 꺾일 즈음 그녀는 다짐했다. 올해는 결코 억새밭에 가지 않을 것이라고.

저녁나절에나 돌아올 것이라며 남편이 집을 비운 사이 그녀도 밖으로 나갔다. 몇 년 전, 그때도 아마 이맘때였지 싶다. 따가운 햇살 사이로 서늘한 바람이 비집고 들어오던 날, 난데없이 이십여 년 전에 돌아가신 아버지가 보고 싶다며 그곳엘 갔었다. 서대문형무소 역사관이다. 매정하리만큼 푸른 하늘아래 붉은 담장 옆으로 고추잠자리가 날고 있었다. 그런데 오늘은, 아버지가 아니라 고추잠자리가 보고 싶은 것이라고 애써 핑계를 댔다. 쉽게 마음먹고 찾아 갈 수 있는 곳이 아닌데 휴관이란다. 굳게 닫힌 철문이 더욱 을씨년스럽다. 아홉 살 때인가 아버지를 만나고 돌아 나오던 등 뒤로 철문 닫히는 소리가 얼마나 무섭던지. 악을 쓰며 우는 그녀를 달래느라 엄마가 애를 썼던 것 같다. 오늘은 빛바랜 붉은 벽돌 담장만 넘나드는 고추잠자리만 보고 왔다. 소름이 돋도록 푸른 하늘 탓에 더 걸음을 뗄 수 없었다고 변명을 해본다. 선뜻 걸음을 되돌릴 수 없어 담장 앞 거리카페에서 오백 원짜리 차를 마셨다. 왜 이곳을 찾아 왔느냐고 묻는 카페 주인에게 쉴 틈도 주지 않고 대답했다. 오십 몇 년 전 아버지가 이곳에서 몇 달 복역을 하였었노라고. 자동차보험이 없던 시절이었다. 그녀의 아버지가 운행하던 버스의 사고는 말로 표현할 수 없을 정도로 집을 망가뜨렸다. 주인은 그녀에게 대꾸할 말이 궁색했던지 말을 돌렸다. 지금은 일본 사람들까지 찾아와 위령제에 참석을 한다고. 나라를 찾으려다 저들의 손에 죽어간 영영들의 넋을 기리는 위령제에 그들이 찾아온다고 한다. 선조들이 저지른 만행을 후손들이 찾아와 속죄를 한단다.

아직도 이들 부부는 말이 없다. 여전히 텔레비전 소리만 쟁쟁거릴 뿐. 오랜 침묵을 깨듯 그녀가 입을 열었다. "우리 이러고 살다 누가 하나 가버리면 어떡하지?" 그녀의 남편은 기다리기라도 하였다는 듯

"힘 있을 때까진 혼자 살다 힘 떨어지면 요양원으로 가지 뭐." '우리가 가지 않아도 아이들이 데려다 주지 않을까'라는 말을 하려다 그녀는 참았다. 낮에 역사관에서 돌아오던 지하철 역사 벽에 걸려있던 이면우 시인의 「소쩍새 울다」라는 시구(詩句)가 영화의 한 장면처럼 머릿속에 박혀있다. 발목이 묶인 듯 한참을 움직이지 못하고 서 있었다. 혼자였더라면 아마 그녀는 울어 버렸을지도 모른다.

저 새는 어제의 인연을 못 잊어 우는 거다. 아니다.
새들은 새 만남을 위해 운다.
우리 이렇게 살다가, 누구하나 먼저가면 잊자고
서둘러 잊고 시작해야 한다고, 아니다아니다
중년 내외 두런두런 속말 주고받던 호숫가 외딴 오두막
조팝나무 흰 등 넌지시 조선문 창호지 밝히던 밤
잊는다 소쩍 못 잊는다 소소쩍 문풍지 떨던 밤

어디선가 철 잃은 소쩍새 울음소리가 들리는 것만 같다. 또 하루가 저무는 갑다.

묵은 갈대

장병선

갈대 하면 바람에 흔들리는 모습이 떠오른다. 그 몸짓을 상상하면 가슴이 따뜻해진다. 살아서만이 아닌, 죽어서도 흔들리며 후손을 보듬는 정성이 지극해서다.

한동안 뜸했던 여의도 샛강공원에 들어선다. 한강 물이 흘러드는 수로(水路)따라 걷는다. 6월의 햇살을 받으며 생태연못 주위에 닿는다. 군락을 이뤘던 누런 갈대가 초록 옷을 입고 있다.

지난 4월에 여기를 들렀을 때만 해도 묵은 갈대가 촘촘히 서 있었는데 불과 두 달 사이에 새 갈대가 내 키만 하다. 습지라서 빨리 자란 걸까. 몰라보게 성장한 새 갈대만 보이고 묵은 갈대는 눈에 띄지 않는다. 다 어디로 갔을까. 풀 속을 들여다본다. 새 갈대 사이사이에 허리를 꺾고 쓰러져 있다. 위로만 커가는 제 분신을 쳐다보며, 제 할 일을 다한 듯 흐뭇해하는 것 같다.

후손을 알뜰히 챙기는 갈대. 그것의 생장 과정이 그러하다. 봄여름 동안 속성으로 자라서 꽃이삭을 단다. 씨방 끝에 많은 관모(冠毛)

를 만들어, 종자가 제 살 곳으로 날아가게 한다는 그 과정이 갈대의 전생(前生)이라면, 후생(後生)은 묵은 갈대다. 그 묵은 갈대가 후손을 위해 겪는 아픔이 가슴을 아리게 한다.

다른 한해살이풀처럼 가을에 잎을 떨어뜨리지 않는다. 나서 자란 제 뿌리의 끈을 놓치지 않는다. 그 자리에서 겨울을 난다. 언 몸을 서로 부딪치며 서걱거린다. 아픈 신음이다. 그처럼 마른 몸을 부대끼며 꼿꼿이 선 채 해를 넘긴다. 제 허리까지 쌓인 눈 속에서 추위를 견딘다. 북풍 휘몰아치는 차디찬 겨울에 물 한 방울 끌어 올리지 못하는 속 빈 몸으로 설한풍을 이겨낸다. 강하다. 할 일이 남아 있어 잠들지 못하는 묵은 갈대다.

빛바랜 마른 몸으로 바람에 흔들렸다가 다시 제자리로 꼿꼿이 선다. 센 바람이 불 때면 전신을 기울였다가 다시 똑바로 선다. 한두 번 그러는 게 아니다. 수천 번 수만 번, 이루 헤아릴 수 없을 만큼 흔들리곤 바로 서기를 반복하는 몸짓. 그런 아픔을 겪는 묵은 갈대가 왜 울음이 없겠는가. 신경림 시인은 '갈대는 속으로 운다.'라고 읊는다.

언제부턴가 갈대는 속으로
조용히 울고 있었다.

그런 어느 밤이었을 것이다. 갈대는
그의 온몸이 흔들리고 있는 것을 알았다.

바람도 달빛도 아닌 것,

갈대는 저를 흔드는 것이 제 조용한 울음인 것을
까맣게 몰랐다.
……

한해살이풀들이 다 잠든 긴 겨울 동안 제 몸을 움츠리지 않고, 곧은 자세로 추위를 견뎌낸다. 다가올 봄에 새싹 틔울 뿌리의 바람막이가 된다. 후세가 제대로 싹을 틔우는지 지켜보는 파수꾼이다. 여름이 다가오면 쑥쑥 자라는 아기 갈대의 지지대가 된다. 어린 갈대가 다 자랄 때까지 몸을 기댈 수 있도록 기둥처럼 서 있는, 묵은 갈대의 절절한 어미 사랑. 흔들리며 사는 까닭을 이제 알 것 같다.

살아서나 죽어서나 바람 따라 흔들리지만, 꺾이거나 쓰러지지 않는다. 그런 강한 의지와 힘은 아기 갈대에 대한 무한한 사랑에서 비롯될 것이다. 부성(父性)·모성애(母性愛)일 것이다. 나는 후손을 그렇게 사랑했는가. 그토록 보듬었는가?

묵은 갈대의 깊은 뜻을 헤아리지 못한 우리네 인간, 아니 나 자신이 갈대를 비하해 오지 않았는가. 속이 빈 가벼운 갈대 같다느니, 줏대가 없다느니, 나약하다느니, 쉽게 마음이 변하는 사람 같다느니… 묵은 갈대의 속마음을 알지 못하고 바람에 흔들리는 겉모습만 보고 빗대어 온 것이다.

갈대의 전후생(前後生)을 통틀어 생각해 보면 어찌 줏대가 없고, 나약하며, 쉽게 변하는 갈대라고 말할 수 있겠는가. 바람에 맞서지 아니하고, 흔들렸다가 다시 제자리로 바로 서는 슬기로운 그 지혜, 그 버팀의 힘은 후손을 보듬는 마음에서 우러난 진한 사랑일 것이다.

갖은 역경을 겪은 묵은 갈대의 마지막 가는 길도 예사롭지 않다. 어느 날엔가 아기 갈대가 제(묵은 갈대) 키만큼 자라면, '이제 됐다'라는 듯 슬그머니 제 몸을 눕힌다. 선 자리를 후세에 내어주고 누운 채로 새 갈대의 거름이 된다. 거룩한 한살이의 마무리요, 뜨거운 내리사랑이다. 자식에 대한 부모의 마음이 다 그렇다고 하지만, 묵은 갈대의 내리사랑에 미칠 수 있을까. 부끄러운 자신이다.

그래선지 나는 때때로 그 묵은 갈대의 흔들리는 몸짓을 떠올린다.

마음의 담금질

김동식

'담금질'이란 쇠붙이를 뜨거운 불구덩이에 넣었다가 꺼내서 두드리고 찬물에 넣어서 식히고 하는 것을 말한다. 대장간에서 대장장이는 화덕에 불을 피워놓고 풀무질로 바람을 불어 넣어 화력을 높여가며 쇠를 벌겋게 달구어 두들겨서 찬물에 넣어가며 급히 식혔다. 대장간에서 연장을 만들 때 꼭 필요한 것은 담금질이다. 두들기는 것은 형상을 바로 잡기 위함이며, 뜨거운 쇠를 찬물에 담구는 것은 조직을 촘촘하게 만들어 더 단단하고 강한 도구를 만들기 위함이다. 그렇게 해서 원하는 강철 연장이 만들어진다. 이러한 열처리 과정이 담금질이다. 이 담금질을 두고 '부단하게 훈련을 시킨다'는 말로 널리 쓰인다.

그런 면에서 우리나라 대장간 부문 기능 전승자 1호로 지정된 대장장이 한 분이 의미 있는 말을 남겼다. "쇠가 담금질을 해서 강해지듯 우리 인생도 두드려 맞고, 불구덩이에 들어가고, 냉랭하게 식기도하고 그러면서 단련이 되는 거여."라고. 그는 17살에 시작하여 지금까지 50여 년 동안 오직 외길로 대장장이로 일해 오면서 인생의 평범한 진리를 깨친 것이다.

역경과 시련이 없는 인생은 없다. 인생의 긴 여정에서 누구나 저마다 크고 작은 역경과 시련을 겪어가며 살아가는 것이 인생살이다. 이는 피할 수 없는 삶의 과정 중의 하나이다. 그러므로 이를 어떻게 잘 극복하느냐가 인생에 있어 가장 중요한 과제이다. 그렇다면 이 숙제를 어떻게 해내느냐가 관건이다. 낙담하고 좌절할 것이 아니라 용감하게 도전하여 이를 극복해 나가는 것이 최선의 선택이고, 떳떳한 삶의 길임을 명시해야 한다. 한 가지 분명한 것은 이 세상에서 승리하고 성공한 사람들은 모두가 하나 같이 이러한 역경과 시련에 도전하여 용감하게 정면으로 맞부딪치며 도전한 사람들이란 것이다. 위대한 인물들은 이런 역경과 시련을 통해서 정신력을 강화하고 이를 자기 발전의 밑거름으로 삼은 사람들임을 명심해야 할 것이다.

세상사의 이치에 통달한 성인으로 여기는 공자도 인생의 후반부는 나그네를 뛰어넘어 '상갓집 개'로 살았다. 그는 노나라 때 대사구(형조판서)가 되어 천하를 바로잡으려 하였으나 왕족, 귀족가문들에게 배척당해 끝내 포부를 실현하지 못 하고 노나라를 떠나 방랑생활을 하였다. 공자는 50대 중반부터 60대 후반까지 14년 동안 이리저리 떠돌아다니는 낭인생활을 했다. 그간 죽을 고비를 네 번이나 넘겨야 했고, 그날그날 끼닛거리를 걱정해야 했으며, 강도에게 포위돼 열흘 이상 굶주리는 상황도 있었다.

'상갓집 개'라는 표현은 사마천의 『사기』에 나온 말로, 상갓집의 개는 밥줄 주인이 없는 개로 동네를 돌아다니면서 음식 찌꺼기를 상황 되는 대로 주워 먹어야 하는 개를 말한다. 사마천이 『사기』에 '상갓집 개'라는 표현은 꼭 집어넣을 필요는 없었다고 보이는 데도 굳이 적어 넣은 것은 삶이라는 것이 성인에게도 쉽지 않았다는 점을 후세에 전해주기 위한 의도였다. 세상의 어떤 위인이나 성인, 군자도 어렵고 힘겨운 일이 있었지만 그들이 남다를 수 있었던 것은 결코 좌절하지 않았기에 높은 경지에 오른 것이다.

아름다운 광택과 고운 빛깔을 내며 녹슬지 않고 변하지 않는 황금도 깊고 깊은 광산에서 겉으로 보기에는 그냥 바윗돌처럼 보이는 금광석을 깨고 부수고, 용광로에 넣어 녹여서 불순물을 제거함으로서 비로소 찬란한 황금 덩어리로 태어난다. 쇠붙이로 쓸모 있는 도구를 만들기 위해 시뻘겋게 달구고 두들기는 담금질로 강한 새로운 도구가 만들어 지듯, 육체는 훈련과 운동으로 단단하게 만들고 마음은 끊임없는 굴하지 않는 용기와 굳은 의지로 뜨겁게 달구고 차갑게 식혀서 새롭게 거듭나고자 결심한다.

우리 인간사 녹록하지 않다. 되돌아보건대 규격화된 굳은 삶을 살아왔다. 구태의 인습으로부터 벗어나 마음의 담금질로 평범하고 보편적인 삶으로 거듭나 살아가는 그런 모습을 그려본다.

닮은꼴

유영숙

어렸을 때 큰고모가 집에 오시면 너무 좋으면서도 한편 부끄럽기도 했다. 큰고모가 우리 집엘 오시면 저 멀리 아래뜸부터 동네 꼬마들이 고모를 이상하게 바라보며 주~욱 따라왔기 때문이다.

내게 고모가 두 분 계셨다. 아버지 형제 7남매 중 맏이로 큰고모가 계셨고 끝으로 막내고모가 계시다. 막내고모는 내가 태어나기도 훨씬 전에 서울로 시집을 가서 집안에 큰 일이 있을 때나 한번 씩 뵙게 되니 뵐 적마다 낯이 설었다. 반면 큰고모는 우리 집과 그다지 멀지 않은 아랫마을에 사셨다.

큰고모는 어떤 일에 집중을 하지 않으면 쉼 없이 혼자 웃고 중얼거렸다. 고모는 노산으로 막내아들을 낳은 후 심한 산후후유증으로 신경쇠약(정신분열증)을 앓으셨다. 갖은 치료와 노력으로 곧 정상생활을 하셨지만 아흔이 다 되어 돌아가실 때까지 그 후유증세가 좀 남아있었다.

큰고모는 정갈하면서 정이 많고 참 따뜻한 분이었다. 5형제의 사촌들이 모두 근동에 살고 있었지만 고모는 넷째 집인 우리 형제들을 유난히 더 챙기셨다. 왜 아니겠는가. 쉰 살도 안 된 남동생(우리 아버지)이 육남매나 되는 어린 것들을 놔두고 세상을 떠났으니 누나인 고모의 가슴에 어린 조카들이 늘 아프게 얽혀있었던 것이다. 고모는 늘 두루마기나 흰 광목앞치마 속에 손을 감추고 다니셨다. 나는 고모를 뵈면 꾸벅 고개를 숙여 인사를 하면서도 눈은 언제나 고모의 감추어진 손 쪽을 향했다. 고모의 손이 나오면 요술처럼 늘 맛있는 것이 들려있었기 때문이다. 고모가 집에 오시면 우리에게 먹을 것을 나누어주고는 부지런히 장독대와 부엌, 심지어 뒷간까지 다니며 손에서 샥샥샥샥~ 소리가 나도록 빌고, 절하고 또 빌었다. 고모 뒤를 졸졸 따라 다니며 들은 어릴 때 기억이다. 고모는 "하늘님, 하늘님, 우리 어린 것들 하늘님께서 살피시어…!"라고 빌다가 혼자서 호탕하게 웃곤 하셨다.

오늘은 숲속 찻집에서 질녀와 마주 앉아 차를 마시고 있다. 얼마 전 결혼한 조카가 요즘 입덧이 심한 터라 신경을 써서 깔끔하고 맛있는 집이라고 소문난 한정식 집에서 점심을 샀는데 잘 먹질 못한다. 나는 그 아이에게 한 입이라도 더 넣어주고 싶은데 제가 오히려 고모를 더 신경 쓴다. 조카는 나를 참 많이 닮았다. 이 아이가 태어나지 않았다면 나는 어쩌면 아직도 마음 한구석에 어릴 적의 상처를 다 내려놓지 못하고 살았을지도 모른다.

육 남매 중 나는 네 번째로 태어났다. 형제들의 서열 한가운데에 낀 나는 늘 오빠, 언니에겐 순종해야 했고, 동생들에겐 양보를 해야 하는 불합리한? 위치였다. 그런데다 나를 뺀 다섯은 모두 친탁을 했는데 유독 나만 외탁을 했다. 지금도 그렇지만 처음 보는 사람은 아무도 나를 같은 형제로 보지 않을 정도로 딴판이다. 어릴 때 짓궂은 언니, 오빠들이 나를 강경의 어느 다리 밑에서 주워온 아이라고 얼마나 놀려댔는지 모른다. 원래 말수도 적었지만 '미운 오리새끼'가 된 나는 늘 외톨이로 서러웠다. 초등학교에 들어가기 전 어느 날이었다. 그날은 하루 종일 뒤곁 감나무에 오도카니 올라앉아 고민에 고민을 거듭하다가 친엄마를 찾아가기로 마음먹었다. 그 당시 마을 앞으로 하루에 버스가 대여섯 오갔는데 나는 막차가 끊기기 전에 집을 떠나겠다고 굳은 결심을 했다. 기왕 떠나야 할 거 하루라도 미루면 안 될 것 같았기 때문이었다. 뒷산 그림자가 마당을 지나 개울을 건널 때쯤 감나무에서 내려와 나름 비감하게 마음을 다잡고 어머니께 여쭈었다. "어~엄마~, 나 우리 친엄마한테 갈래. 막차 나갈 때 보내줘~!"라고. 그리곤 설움이 북받쳐 "으아앙~!" 집이 떠나가도록 울었다. 어머니는 그런 나를 껴안고 그게 무슨 소리냐며 언니, 오빠를 불러 "왜 동생을 놀리느냐?"고 심하게 꾸짖으셨다. 그 뒤로 언니, 오빠는 더 이상 나를 놀리진 않았지만 비슷비슷한 다섯을 닮지 않은 나는 마음의 상처가 쉬 지워지지 않았다. 그러다 내가 성인이 되어 그 상처로부터 자유로워질 수 있을 때 조카가 태어났다. 그 아이를 보는 사람마다 "너는 네 셋째 고모를 꼭 빼닮았구나."라고 하면 왠지 이제야 내 편이 생긴 것 같고, 나를 닮은 조카가 너무나 예뻤다. 그제야 확고하게 내가 '미운 오리새끼'가 아님이 분명해졌기 때문이다. 아니 사실은 나를 닮은 아이뿐만 아니라, 조카들이 예뻐서 셋 모두 아기였을 때는 올케언니가 말리는데도 응가가 묻은 기저귀를 서슴지 않고 빨았고, 휴일이면 동물원과 공원 등으로 그들을 데리고 소풍을 다녔다.

어릴 때 동네아이들이 고모 뒤를 따라 다니면 화가 나고 창피했다. 그러나 지금 돌이켜 보면 고모가 꼭 제 정신이 아니어서 혼자 웃지만은 않았을 거라는 생각이다. 기도는 신과의 대화이며 소통이다. 소통이 아닌 상호 일방적인 것은 성숙한 기도가 못된다. 신에게 청원했으면 그분의 소리에 귀를 기울여야 한다. 그런 면에서 고모는 제대로 된 기도를 한 것이다. 간절한 청원을 하고 마음에서 신으로부터 흔쾌한 대답을 듣고 기뻐서 그렇게 웃으셨던 게 아니었을까. 그를 입증할만한 것이 우리는 지금 그때 고모가 간절히 빌었던 대로 살고 있다.

조카들이 알든 알지 못하든 나도 그 아이들을 위해 항상 기도한다. 뿐인가. 그 아이들을 생각하면 예전 우리처럼 어려운 것도 아닌데 늘 애잔한 마음이다. 오늘 조카와 마주 앉아 시간을 보내며 이런 저런 얘기를 나누다보니 고모 삼대가 참 많이 닮은꼴이다.

나는 올 12월이 되면 고모할머니가 된다. 할머니 되는 것이 뭐 그리 좋다고 자랑이냐고 하겠지만, 고모인 나는 생명을 품고 있는 저 아이의 품이 대견스럽게만 보인다.

이웃사촌

정상복

요즘 일본의 아베수상이 우리나라를 백색국가에서 제외시킨다는 선언에 대해서 나라 안이 술렁이고 있다. 우리 국민 다수는 일본 제품 불매운동과 문전성시를 이뤘던 일본여행을 자제하는 등 반 일본(아베)정서가 확산되고 있고, 우리 정부 또한 지소미아 파기 등 강경한 맞대응 조치를 취하고 있다. 당연한 일이라고 생각이 든다. 우리의 속담에 먼 친척보다 가까운 이웃이 더 가깝다는 말이 있다. 그런대도 지정학적으로 우리나라와 일본은 가까운 이웃나라이면서도 화친의 상생보다는 서로가 적대적 관계를 유지하려는 그 이유가 어디에 있는 것일까.

일본의 역사 왜곡은 끈임 없이 이어져 왔다. 가야지역을 정치적으로 지배했다는 임나일본부(任那日本府)나 임나관가(任那官家)를 그들의 역사책에 기록하고 있으며, 광개토대왕의 비문의 글자를 조작 하는 등 치졸한 행위를 해 왔다. 이 같은 역사 왜곡은 섬나라인 일본의 대륙진출의 야망에서 비롯된 것이 아닌가 한다. 그들은 힘이 약할 때는 왜구와 같은 도적떼를 통하여 약탈을 일삼았고, 힘이 강할 때는 전면적인 전쟁을 통하여 침략의 야욕을 드러냈었다.

삼국시대, 고려시대, 조선시대에 이르기까지 왜구들은 우리의 해안가 지역을 중심으로 약탈과 노략질을 일삼아서 역대의 왕들이 고심한 수많은 기록들이 있다. 전면적 침략은 토요토미 히데요시(豊臣秀吉)가 가도정벌(假道征伐)이라는 명분을 내세워 임진왜란을 일으켜 우리 강산을 유린하였고, 조선의 국왕인 선조가 의주까지 몽진하는 등 국운이 경각에 달려 있는 지경에 이르기도 했었다. 다행히도 명나라와 조선군이 연합하여 무찌르고, 충무공 이순신 장군의 해전의 연승으로 일본의 해상보급로의 차단과 들불처럼 일어났던 의병활동으로 간신히 나라를 지킬 수 있었다.

그러나 그 피해는 얼마나 컸던가. 모든 백성이 굶주림에 허덕이고, 그들의 조총과 칼날 아래 얼마나 많은 우리의 백성들이 무참히 죽었던가. 그들은 이에 그치지 않고 우리의 백성을 끌고 가서 노예나 다름없는 수족노릇을 시키고, 수많은 도공과 아녀자 등을 납치해 갔을 뿐만 아니라 우리 강산을 폐허와 피로 물들인 원흉들이기도 하다.

이후 일본은 숨을 죽이며 잠잠하게 있는 듯했다. 그러나 일본의 대륙진출의 야욕은 메이지 유신으로 힘을 비축하여 이후 우리나라와 강화도 조약을 강제로 체결하여 부산, 원산, 인천지역을 치외법권과 최혜국 대우를 주장하며, 우리나라를 침탈의 발판으로 삼았다. 그들의 악랄함은 명성황후의 시해사건을 비롯하여 한일합방의 치욕적인 일을 저지르기도 했었다. 내선일체를 주장하며 우리글을 쓰지 못하게 하고, 창씨개명, 요인 암살 및 구금 등의 우리 민족정신의 말살 정책을 폈다.

대동아전쟁 때에는 전쟁물자의 강제조달(식량, 놋쇠, 옷감 등) 뿐만 아니라 강제징용 노역, 위안부 차출, 인간생체시험 등 온갖 범죄행위와 치욕적인 만행은 사람으로서는 도저히 할 수 없는 일들을 서슴없이 자행했다.

한편, 강대국을 실현하려 그들의 야욕은 태평양 전쟁을 일으켜 하와이만 점령 등 미국과의 전쟁을 시작하였고, 천만다행으로 미국의 히로시마와 나가사키에 투하된 원자폭탄에 일본은 무조건 항복하여 전쟁이 끝나고, 우리나라는 해방을 맞이하게 되었다.

그러나 불행히도 우리나라의 동족상잔 6・25전쟁으로 일본은 연합국의 군수기지 역할을 해서 전쟁의 폐허에서 경제적 번영의 밑바탕이 되었다는 사실이 안타깝다. 일본의 전범후예인 아베수상의 입장에서 본다면, 요즘의 남북한의 화해분위기를 반겨할 까닭이 없지 않은가. 이러한 맥락에서 일본(아베 수상)은 말이 안 되는 이유로 돌연히 우리나라를 백색국가에서 제외한다는 조치를 하지 않았나 싶다.

나는 한일 기술협력사업의 일환으로 장학금을 받고 1980년대 초반에 쯔그바 연구단지안에 있는 과수시험장에서 연수한 적이 있다. 그때 일본은 세계 제2의 경제대국으로서 경제력을 과시하던 때이다. 40여년이 흐른 지금 나의 가슴속에는 옛 추억의 감회와 지금의 관계를 지켜보며, 실익이 없는 두 나라 간의 관계를 언제까지 이어 갈 것인지, 이웃사촌에 대한 우리 속담의 미덕을 일본인들에게 묻고 싶다.

도라지 캡슐

조철형

올봄 옥상 정원에 도라지가 여기저기 군락을 이루며 솟아났다. 유월이 되자 줄기 끝에서 여러 갈래로 뻗은 가지마다 꽃망울이 진(陣)을 친다. 유년 시절 도라지 신세를 많이 졌기에 매일 자라는 것을 유심히 지켜보았다. 작은 꽃망울이 크면서 나를 놀라게 했다. 흰색과 보라색 꽃망울이 생긴 지 보름 되자 형체를 이루는데, 아래는 씨방이 달리고 위의 자루는 꼭짓점에서 오면체를 이룬 캡슐이다. 가지가 산소를 주입했는지 부픈 캡슐이 하늘로 올라가려 하나, 땅속 도라지가 잡고 있어 줄기 꽃대는 팽팽하다.

마치 공중에서 낙하산이 펴지기 전의 모양새다. 터트리면 "펑" 소리가 난다. 캡슐은 날마다 부풀며 커지다가 망울 꼭짓점에서 오각형 모서리에 이르는 선에 금이 가며 벌어진다. 정오각형 입체에서 벌어진 꽃잎이 펴지며 별모양의 단아한 꽃이 별자리를 만든다. 밤에는 하늘의 별자리를 보고, 낮에는 하늘에서 내려앉은 별자리를 본다.

도라지꽃이[1)] 황금분할을 품었으니 신비스럽다.

기하학 공부를 할 때 컴퍼스와 삼각자만으로 원을 그리고, 그 원에서 정삼각형·정오각형·정육각형 작도법을 배우며 기뻐했다. "우주는 원이고 그 원에서 정오각형이 그려지며, 다시 대각선으로 연결하여 별이 탄생한다. 인천상륙작전을 한 '맥아더 장군'은 별이 다섯 개인 원수이다."라고 하신 기하학 선생님의 목소리가 아련히 들리는 듯한데, 도라지가 정오면체에서 정오각형별을 만들고 있으니 우주와 자연의 심오함을 느낀다.

아마 도라지가 고대 그리스 학자들에게 정오각형 작도법과 황금비를 일깨워주어, 이를 바탕으로 배꼽을 중심으로 상반신과 하반신이 황금비를 이룬 '비너스'의 조각상을 비롯하여 찬란한 르네상스 문화를 꽃 피게 한 것 같다. 우리나라에 미녀가 많은 것은 도라지 음식을 좋아하는 식성 외에 황금비를 바탕으로 성형술이 발달한 덕이라고 본다.

종이로 접은 듯 반듯한 보라색·흰색 도라지꽃이 피자 벌 나비들이 날아와 꽃으로 옮겨 다니며 꽃에 머리를 박고 아기가 젖을 빨 듯 암·수술을 빨자, 나비가 부채춤을 춘다.

---

1) 황금분할: 컴퍼스로 원을 그린다. 원점에서 상하, 좌우로 수직선 지름을 긋는다. 수직선과 원이 만난 A 점에서 반지름으로 좌우 지름 선상에 B 점을 구한다. B 점 각(角)을 2등분 하여 상하 지름과 만난 점 C에서 좌우 지름과 평행하게 선을 그어 원주와 만난 점 D 점을 정하면, 선변 AD가 정오각형 한 변이 된다. 원주상에 AD 길이로 다른 점을 그리면 정오각형을 이룬다. 정오각형 내부에 5개의 대각선을 그으면 별 모양의 다각형이 나타난다. 이때 한 대각선이 다른 대각선을 나누는데, 이 나누는 두 선분의 비, 또는 오각형 한 변과 대각선의 비가 바로 황금비, 황금분할이다. 이를 측정한 근사치가 1:1,618이다.

중학교 2학년 때 아들 칠 형제인 우리 집에 큰아주머니가 시집오셔서 장조카를 낳으셨다. 젖이 잘 나오지 않으니 아기가 보채며 울어댔다. 할 수 없으니 아버지께서 날 보고 아주머니 젖이 나오게 하라고 지엄한 분부를 내리셨다. 눈을 감고 힘껏 젖꼭지를 빨아 젖이 나오게 했다.

비릿한 냄새가 입안에 맴돌아 구역질이 나고, 속이 메슥거려 이틀간 밥을 못 먹었다. 다행히 어머니께서 도라지를 달여 주셔서 구역질과 속을 다스렸다. "내가 장가갈 때는 반드시 젖 잘 나오는 처녀한테 장가를 가야지!" 철없는 다짐을 했으니 웃음이 저절로 나온다. 하여튼 그로부터 지금까지 도라지나물을 즐겨 먹고, 약도라지를 구해 달여 먹는다.

아버님이 너무 일찍 돌아가신 후 어머님께서 산소 앞 자투리 밭에 도라지를 심고 키우셨다. 도라지꽃이 피면 아버님을 만난 듯 얼굴이 환하셨다. 20년 후 어머님마저 별나라로 가시자 큰아주머니께서 그 자리에 도라지를 심고, 산소를 돌보며 도라지를 키우신다. 정성만큼 도라지가 잘 자라 한두 뿌리만 캐어도 바구니에 가득하다.

부모님 기일이면 도라지나물이 빠지지 않는다. 제사를 지내고 식사를 할 때는 으레 도라지나물에 먼저 손이 간다. 도라지나물이 별맛이다. 도라지 인연으로 큰아주머니에게 정감이 들었다. 어머님이 안 계시니 더욱더 그렇다.

도라지는 옥상 정원에서 꽃 필 때부터 별나라로 갈 꿈을 키운다.

꽃잎이 시들면 떨어지지 않고 오므려 씨방을 감싼다. 꽃잎이 삭아 없어지자 정오각형 씨방은 광택이 나는 완연한 인공위성 캡슐의 모습을 드러내며 다음을 준비한다.

씨방은 5개의 방으로 이루어져 있고, 씨앗이 팔월의 폭염 아래 그 진공 방 속에서 무중력 유영 연습을 준비한다. 대기권을 통과하여 캡슐이 날개를 펴면, 씨들이 날아 펴져 은하수가 될 꿈에 부풀어 발사 카운트다운을 기다린다.

산들바람이 시원하여 옥상에 오르니, 하늘 높이 솔개가 날고 있다. 꽃대에 포진한 캡슐이 솔개를 쳐다보며 정원에 씨를 뿌린다. "올해는 못 가지만 다시 피어나 별나라로 갈 꿈을 꿀 거라."는 독백을 들으니 가슴이 찡하다.

"그래, 도라지 캡슐이여! 나도 꿈을 꾼다. 아버님이 못 다 사신 여생을 살다 언젠가 하늘이 부르면, 너 황금비 도라지 캡슐을 타고 가 별이 되신 부모님 앞에서 도라지 타령을 하련다."

아, 겨울 대구여

金美子

오, 저럴 수가! TV뉴스를 보다가 눈이 커다래졌다.

대량으로 잡힌 대구가 두세 마리씩 상자에 담겨 서해안의 선착장에서 트럭으로 옮겨지는 장면이다. 실하고 커다란 대구, 언제부터 서해 대구가 저리 컸나. '대구'라 하면 '동해, 그리고 남해인데….' 하다가 싱싱한 잿빛 눈이 클로즈업 되는 순간, 화면 위에 겹쳐오는 얼굴 하나. 아버지, 그리운 아버지다.

내 고향은 동해안의 소도시, 하루도 빠짐없이 싱싱한 생선이 밥상에 올랐다. 구이로 조림으로, 찜, 탕, 찌개로. 또 말렸다가 쪄 먹기도 했다. 아, 입맛이 절로 다셔진다.

해마다 이맘때면 아버지는 새벽 번개시장이나 이른 아침의 어시장을 찾으셨다. 바다 날씨 좋은 날을 가려 대구와 명태, 송어, 가자미 같은 것들을 한 번에 몇 상자씩 사신다. 앞마당 수돗간에 그것들을 쌓아놓고 아침식사를 하신 다음, 소매를 걷어 올리시며 밖으로 나가셨다.

커다란 물고기를 척척 손질하시는 능숙한 손길은 가히 예술이었다. 그 모습에 홀려 추운 것도 잊고 구경하다가, 수신호에 따라 펌프질을 했다. 차가운 수돗물 대신 땅속에서 솟구쳐 콸콸 쏟아지는, 김이 모락모락 피어오르는 물로 생선을 씻고, 내장은 종류별로 그릇에 담으셨다. 손질한 생선에 소금을 뿌린 다음 대나무 꼬챙이로 고정하여, 미리 짚을 꼬아 만들어 둔 고리에 아가미를 꿰어 엮으신다.

제사상에 올릴 큰 생선들은 별채 옥상 빨랫줄에 나란히 걸고, 그 외의 것들을 뒤뜰 감나무에 매달면 작업완료다. 펌프에서 쏟아지는 물은 따뜻했지만 아버지의 하얀 손과 팔은 빨갛게 얼어버린 지 오래였다. 손 시리다는 말씀은 없었지만 지키고 선 내 마음도 꽁꽁 얼곤 했다. 아버지는 수돗간을 청소한 다음에야 밝은 목소리로 수건을 찾으셨다.

그 다음은 엄마 차례. 명태알과 아가미 같은 것은 젓갈을 담가 밑반찬을 만든다. 큼직한 대구 알은 소금을 뿌려 채반에 담아 꾸덕꾸덕해지면 쪄내거나 얼려두었다가 계란찜에 넣어 별미를 만드셨다. 더 작아서 매달리는 신세를 면한 것들을 바로 다음 끼니의 반찬거리였으니, 제철 생선을 실컷 먹으며 자랐다. 그래서인가 지금도 식탁 위에 해물이 없으면 서운하다. 매운 것을 잘 못 먹는 나는 대구 맑은 탕을 좋아했다.

한겨울 산란기가 제철인 대구. 이리를 넣고 끓이면 국물이 뽀얗게 되고 맛도 한결 나아서 수컷이 더 대접받는 생선이다. 멸치와 새우, 다시마를 우린 육수에 무를 툭툭 썰어 넣고 마늘, 고추와 함께 끓여낸 국물이며 포슬포슬한 속살의 부드러운 느낌이라니! 올록볼록 재미있게 생긴 것이 맛은 야들야들해 입속에서 사르르 녹는 이리, 연갈색 고소한 간, 향긋한 미나리, 어슷어슷 썰어 얹은 파 고명까지도 눈에 선하다. 쫄깃한 눈과 부드럽게 씹히는 알을 먼저 먹으려고 동생들과 다투던 일이 어제만 같다.

가끔 뜨끈한 것이 생각날 때 흔히 접하는 냉동 대구탕은 대구 고유의 부드러운 맛을 아주 잃었다. 잘 먹고도 괜스레 찜찜하다. 그래서 손질된 생 대구를 사다가 끓여보지만 고유의 맛을 느끼기가 쉽지 않다. 솜씨가 없다는 고백은 절대 못하니, 입맛이 바뀌었다거나 신선도가 떨어져 그렇다고 우긴다. 아무튼 생태 대신 동태는 그럭저럭 먹을 만한데, 대구는 역시 얼리지 않은 것이 제격인 것 같다.

연전에 남쪽에 사는 남동생이 누이들 맛보라며 갓 잡은 거제도 대구를 고속버스 편으로 보내왔다. 나에게도 커다란 것 두 마리가 배당되어 직접 다듬게 되었다. 김장용 도마를 채우고도 넘치는 녀석들의 위용이라니! 처음 해보는 대어 손질에 겁이 났지만 도와줄 사람 없으니 주저주저하다가 에잇, 용기를 내 기세 좋게 만지기 시작했다.

그러나 무모하기 짝 없는 도전은, 눈으로만 익혔던 아버지의 솜씨를 흉내 내다 사투를 벌이고 말았으니, 크고 단단한 뼈를 감당치 못했던 것. 알은 터지고 단면도 울퉁불퉁, 결국 생선도 나도 후줄근해지고 말았다. 그래도 끓여놓으니 제법 시원하고 혀에 감겨들었다. 돌아가신 아버지 생각을 하며 먹었다.

그런데 고향 바다, 그 차고 짙푸른 물에 살던 입 큰 물고기가 조류를 따라 잠시 놀러갔던 서해에 그대로 눌러앉아 살게 되었다. 그런데 난류에 살다보니 크게 자라지는 못했다는데, 최근 씨알이 굵어졌다. 더구나 올 겨울에는 세 바다 중에서 가장 많이 잡힌단다. 대구의 주산지가 바뀐 것은 온난화 때문에 서해에 냉수대가 확장되어 그렇다 하니, 새로운 현상에 고개를 주억거릴밖에.

동해산이 제일이라 자부하는 마음을 바꾸라고, 서해안으로 대구 먹으러 가라고 뉴스는 제안한다. 이제는 동해 대구를 먹고 자란 입맛을 바꿔야 하나, 그래야 하나. 동해에선 이미 명태도 오징어도 사라져 가는데 대구라고 별수 있으랴. 생각해 보니 서운키는 하지만 서해 대구를 가까이해서 나쁠 것도 없지 싶다. 다만 사라져가는 고향의 맛이 안타깝고, 나의 정체성 하나를 잃은 것 같아 허전할 따름이다.

기억에 남는 건 크고 대단한 일이 아니라 작고 소박한 일상이라 했던가. 오늘, 지금, 아버지의 그 빠알간 손이 내 마음에 바람을 일으키고 있다. 가서 펌프질도 하고, 시큼한 김치를 얹어가며 대구 지리 한 그릇 뚝딱하고 싶다. 아무래도 그래야겠다. 그렇지 않고서야 겨울 동해, 그 청량한 바다로 내달리는 이 심사를 어찌 달래겠는가.

아, 그리운 아버지, 그리고 겨울 대구여!

지공거사의 변명

한정희

낯선 우편물이 하나 배달됐다. 발신자가 생각지 않은 관공서이다. 혹 세금이 연체됐거나 무단횡단으로 CCTV에 찍혀 벌금고지서가 날아든 것 아닌지 슬쩍 겁이 났다. 인쇄물을 꺼내 재빠르게 훑어 내려갔다. '어르신 생신을 진심으로 축하드리며 늘 건강과 행복이 함께하시길 기원합니다.' 뜬금없이 생일 축하라니 별일이다. 어쨌든 한시름 놓인다. 인쇄물을 마저 읽었다. 그런데, 웬 '자다가 봉창 두드리는 소리인가'

그러면 그렇지. 시장이 하릴없이 일개 시민한테 생일 축하카드를 보낼 리가. 맥이 탁 풀렸다. 비가 오려는지 날씨마저 꾸물댔다. 단숨에 찬물 한 컵을 들이켰다. 아, 세월 앞에 버틸 장사(壯士)없다더니.

며칠 뒤, 속이 좀 누그러져 밀쳐 둔 우편물을 다시 펼쳤다. 그 내용인즉, 노인복지법상 노인으로서 받을 수 있는, 만 65세 이상 어른에게 주어진 복지혜택에 관한 자세한 안내였다. 말하자면 나이가 찼으니 '경로우대권'을 발급 받으라는 게다.

실은 이 나이가 되기를 고대했다. 전철무료승차는 물론 극장에서 경로우대로 할인을 받을 수 있기 때문이다. 영화를 밥 먹듯 좋아해 조조타임이나 남편을 대동했다. 그렇다고 남편이 영화를 썩 즐기느냐 하면 그렇지는 않다. 가끔 영화내용이 별 볼일 없을 때 본전 생각이 나서 투덜대는 고약한 버릇이 있다. 하여 나보다 다섯 살 연상인 남편을 꼭 앞장세웠다. 남편이 주민등록증을 내밀고 입장권 두 장을 구입하는 꼼수를 부렸다. 말하자면 남편은 볼모인 셈이다. 몇 푼 아끼려 당신을 공범으로 끌어 들인다고 볼멘소리를 해도 들은 척도 안 했다. 징징대는 소생이 안됐는지 억지춘향이로 따라 나섰다.

부득이 혼자 가야할 경우는 나름 꾀를 부린다. 최대한 겸손하고 우아한 척 내숭을 떨며 신분증을 깜박했노라고. 뒤통수가 켕기고 진땀을 빼는 것은 당연지사요 찌질 하다못해 궁색한 모양새를 말해 무엇 할까. 차마 누가 볼세라 부리나케 자리를 피했다. 이 때문에 어서 때가 되기를 기다렸다. 그런데 막상 코앞에 닥치니 되레 심난하다. '하던 짓도 멍석 펴놓으면 안 한다'더니 꼭 그 짝 아닌가. 치기도 아니고 이 무슨 경우인지.

그런가 하면 아직도 전철요금을 내느냐는 우스갯소리를 또래한테 종종 듣는다. 심지어 젊어서 좋겠다며 나를 아우라고 놀려댄다. 출생신고가 일 년 늦는 바람에 무료승차카드를 미처 발급받지 못함을 빗대는 말이다. 그렇다고 호적을 뜯어 고칠 수도 없고. 아닌 게 아니라 승차권을 구입할 때마다 생돈 들이는 것 같아 여간 속상한 게 아니었다. 정작 통보를 받으니 폭삭 삭아버린 것 같은 이 마음은 뭘까. 농(弄)이 그립고 막내라고 커피심부름 할 때가 오히려 좋았다.

며칠 후, 농협에서 교통카드를 발급 받았다. 만감이 오갔다. 오월 햇빛은 생뚱맞게스리 왜 그리도 눈이 부시던지. 집으로 가자니 선뜻 내키지 않아 전철역으로 갔다. 짜장 무료승차가 되는지 궁금하기도 했다. 엊그제까지 노약자석에 앉으면 바늘방석이었는데 오늘은 아주 편안하고 떳떳했다. 카드 한 장으로 마음이 이렇듯 달라지다니. 공연한 고집 부리느라고 진작 카드를 발급받지 않은 게 후회스러웠다. 문득 며칠 전 철도요금이 적자라는 뉴스가 스쳤다. 이제 그 적자에 일조를 하게 됐으니, 어쩌다 '지공거사(지하철을 공짜로 타는 노인을 일컫는 말)'가 됐을꼬.

전철역을 나와 시내버스를 탔다. 요금기에 카드를 재빠르게 댔다. 그런데 '환승입니다'라는 음성은 아예 없고 요금만 덜컥 빼갔다. 환승할 시간이 초과된 것도 아닐 텐데. 아뿔싸. 기계가 용케도 우대카드임을 알아챈 게다. 영리한 녀석! '알파고(인공지능)'사촌쯤 되는 모양이다. '이런 괘씸한 너까지 나를 우습게 보는구나.' 이제 전철에서 내려 급히 버스를 타도 '환승'이라는 기분 좋은 말은, 영 물 건너간 셈이다.

얼결에 앉고 보니 하필 젊디젊은 여성 옆자리이다. 그녀가 내 얼굴과 카드를 번갈아 쳐다보는 눈치다. 아니 순전히 내 자격지심일 게다. 하긴 이제까지 사용하던 교통카드와 색깔이 달라 나도 생소하긴 마찬가지다. 오호, 통재라!

설령 누가 곁눈질한들 탓할 게 무엇인가. 아직 늙어보지 않은 새파란 그녀가 내 속내를 어찌 짐작이나 할까. 공연히 소외당한 듯해 나도 모르게 구시렁거렸다. '이보시게 젊은 양반, 젊다고 그리 빼기지 마시게. 나도 한창때는 젠체하며 생전 늙지 않을 줄 알았다오.

이런 날이 이렇게 빨리 올 줄 꿈에도 짐작 못했소. 어찌어찌하다 보니 예까지 온 게요. 하지만 이 카드 거저 굴러들어 온 것 아니라오. 나름 부지런히 산 대가랍니다. 철도요금을 축낸다고 아무짝에도 쓸모없는 것은 아니잖소. 누가 그럽디다. 포도주가 오래 묵었다 해서 늙었다 하더냐고.' 이러는 자신이 찌질 하다못해 참 딱하다. 애먼 처자한테 웬 사설이냐고 나무라지만, 아무래도 나에 대한 연민인가보다. 지금 어떤 위로라도 받고 싶은 게다.

그래, 생떼를 부린다고 어디 될 일이던가. 그만 마음을 내려놓자. 그동안 세금 꼬박꼬박 납부하고 교통질서도 잘 따랐으니 나름 일등 백성 아닌가. 또한 남의 것 탐하거나 등친 일 없으니 이만하면 잘 살은 게다. 그러니 혜택 받을 자격 충분하지 않은가. 나를 다독이면서 주눅들지 말고 당당하자. '지공거사'이면 어떠랴.

아무려나 '내 나이를 세어 무엇 하리/ 나는 지금 오월 속에 있는 것을'

첫눈 오는 날

이상하

첫눈이 내린다.

차 한 잔 앞에 놓고 창가에 앉아 눈 내리는 걸 바라보다가 어느새 나도 모르게 주섬주섬 옷을 챙겨 입고 집을 나선다. 어린이 놀이터에는 아이들이 눈을 맞으며 즐겁게 뛰어 놀고 강아지도 덩달아 뛰어다니는 걸 보며 참 좋을 때로구나 하고 미소 지으며 아파트 후문으로 나갔다.

한참 걸어서 개천가 산책로에 다다르니 어느새 많은 사람들이 걷고 있다. 추운 겨울을 불러들이는 첫눈이지만 하늘에서 내리는 꽃송이에 축복이라도 받은 듯 모두가 즐거운 표정이다.

항간에 떠도는 말에 봉선화 꽃물이 손톱에 남아있을 때 첫눈이 오면 첫사랑이 이루어진다는 말이 있는가 하면 첫눈 오는 날 사랑하는 사람을 만나기로 약속하기도 하고 누구는 첫눈 오는 날 첫사랑 찾아갔더니 그도 첫사랑 찾아가고 없더라는 둥 웃으려고 하는 소리지만 첫눈과 첫사랑 이야기는 수도 없이 쏟아져 나오는 걸 보면 역시 따뜻한 희망을 예시하는 것 같기도 하다. 이 세상에 사랑이라는 말보다 더 아름다운 단어가 또 있을까 싶다.

산책하는 사람들 대열에 끼어 살펴보니 삼삼오오 몰려서 정답게 이야기꽃을 피우며 가는 사람, 다정하게 손잡고 가는 연인, 친구들끼리 짝 지어 걸으며 무언가 진지하게 이야기하는 이도 있고, 나같이 혼자인 사람도 있어서 걷는 모습도 각양각색이다.

참 오래전 남편이 우리 곁을 멀리 떠나던 날. 그날도 하늘은 회색으로 내려앉았고 음산한 공간을 눈발이 펄펄 날리고 있었다. 빚보증으로 재산 다 날리고 기거할 방 한 칸도 없이 아이 삼남매만 남겨놓고 무책임하게 떠나 버렸으니 어이가 없고 막막해서 울 기력도 없었다.

그래도 엄마이기 때문에 살아야했고 엄마여서 살 수 있었다. 지난날을 돌이켜 보면 아슬아슬한 외줄타기 같은 세월을 보낸 것 같다. 누가 말했던가, 엄마는 강하다고. 아이들이 있어서 힘을 얻었고 그 아이들이 살맛나게 해주었다.

아무리 힘들어도 태양은 어김없이 아침에 뜨고 저녁에 지는 순리를 어기지 않았고 날이 가고, 달이 지나서 또 겨울이 돌아오면 첫눈이 내렸고, 그날은 감당하기 힘든 감정을 억제하지 못해서 무작정 길을 헤매다 지쳐서 돌아오기를 반세기 가까이 반복했으면 무디어질 만도한데 올해도 여전히 거리를 쏘다니고 있으니…….

그 누구도 내 마음을 알지 못하니 어떤 사람들은 나에게 20대같은 낭만을 즐기는 것 같다고 말하면 나는 그냥 웃어넘긴다. 아픔은 혼자의 몫으로 남기에 내 자신이 스스로 감당해야 했으니….

첫눈! 나와는 인연이 깊은 것 같다. 처음에는 서러워서 울었고, 그 다음은 많이 아파서 헤매기도 했지만 첫눈과 함께 앞날을 굳게 다짐한 적도 있었는가 하면 큰 성취감으로 하늘을 날 것 같은 때도 있었으니 똑같은 눈이지만 내 감정에 따라 다른 모습으로 다가오기도 했다. 아무리 황사가 심하고 공기가 오염되었다 해도 하늘이 내려준 선물 흰 눈은 한 점 티끌도 섞이지 않은 순백 그대로다. 나도 이젠 모든 걸 감사하며 있는 그대로 꾸밈없이 순수한 마음으로 미래의 희망을 안고 받아들이려 한다.

한참 걷다보니 눈 내리던 하늘에서 비가 내리고 있다. 발길을 돌려 집으로 돌아와 우산을 접으며 잠깐 생각해 본다. 왜 눈이 비로 바뀌었을까? 길고 어두운 터널이 지나갔으니 그만 헤매란 뜻인지 아니면 나잇값을 하며 행동을 자중하라는 하늘의 경고일까.

내년에는 집안에 차분히 앉아서 첫눈을 감상할 수 있으려나.

은천길의 낭만

신지호

하루에 왕복으로 한 차례씩 지나다니는 두산아파트단지에 매미소리가 요란스러워진 것 같다. 아, 여름 한철이 이렇게 지나가는가 하고 처연해진다. 여름내 괴로워했고 어떤 땐 안도의 한숨을 쉬기도 했다. 요즘 들어서는 한결 여유로워진 듯 걸음걸이에 힘이 실린다. 이렇게 여기 은천길은 여름 더위 속에 내 감정의 기복이 오락가락하던 유서 깊은 공간이 되었다.

올 초여름으로 막 접어들던 어느 날, 아내와 기분 좋은 나들이를 했다. 걸음발이 시원찮은 내외간이 강남순환도로 전철 두 역 구간 거리를 도란도란 손을 잡고 산책을 했다. 몇 년 전의 고관절수술 후유증이 남아있는 아내나 신경성 보행 장애가 있는 나로서는 쾌재라도 부를 것 같았다. 돌솥밥이 딸린 추어탕으로 맛있게 점심을 하고 구청 안 시민홀 카페에서 고구마라떼로 제법 낭만적 여유로움도 즐겼다.

호사다마랄까. 그러고 나서 일이 벌어졌다. 우리 노년에겐 절대로 있어서는 안 될 일이 일어난 것이다. 핸드백에서 전화기를 찾는다는 아내의 손을 놓고 먼저 빌라의 현관을 막 들어서는 참이었다. 그 찰나, 뒤에서 여자의 비명이 가슴을 찢었다. 설마설마 했으나 길바닥에 쓰러져 '아이고' 소리를 내지르며 머리를 두 팔로 싸매고 있는 것은 아내였다. 눈에 익은 하늘색 블라우스와 카키색 바지가 선명했다. 행인들이 에워쌌고 119를 불렀다. 나는 거의 제 정신이 아닌 채 차에 올라 아내의 부어오른 뒤통수만 쓰다듬고 있었다.

남의 눈에는 서푼어치도 안 될 가장 소박한 행복을 빼앗긴 것 같아 아내가 너무 가여웠다. '쿵' 소리가 나게 머리를 다쳤는데 머리에는 별 이상이 없고 허리에 보이지도 않을 만큼 가는 실금이 나 있다는 의사의 설명에 애들은 그나마 다행이라 했다. 하지만 이 80노년은 불안하기만 했다. 아내가 다시는 못 일어날 것 같은 불길한 생각에 밤이면 악몽에 시달렸다. 한 번 다쳤던 사람이 완쾌도 하기 전에 또 변을 당하다니, 신의 저주가 원망스러웠다. "꼭 일어나야 해." 병상의 아내의 손을 잡고 주문 외다시피 그 말만 되풀이했다. 나 자신을 위한 아우성인지도 몰랐다.

아내는 입원 한 달이 넘어서야 우여곡절 허리 관절 시술을 했고, 허리 압박대를 하고 보행보조기에 의지해서 조금씩 거동은 하게 되었다. 시술한 종합병원에서 퇴원을 하고 인근 재활요양병원에 그대로 다시 입원했다. 빼앗긴 행복을 다시 찾고 싶은 간절한 염원에서였을 것이다.

아내가 병원에서 고통과 함께 싸우고 있는 동안에 나는 더 심한 공허감에 시달렸다. 마음의 병이었다. 정신적인 충격도 연민의 정과 함께 상처가 되었던가, 바로 육신으로 이어졌다. 시술했던 병원에 있을 때의 일이다. 병원의 옥상정원에서 아내의 보행연습을 위해 뒤에서 보행 보조기를 밀어주고 있는데, 마침 그 시간에 옥상의 전기시설을 수리하던 일행 중 한 사람이 나를 보고 웃으면서 말했다. "아주머니와 아저씨의 역할을 바꿔야겠어요." 농담을 한다. 내가 환자복을 입어야겠다는 뜻이다. 워낙 기진맥진 쓰러질 듯한 나의 모습이 한심했던 모양이다. 아내는 불안정하게나마 일어나겠지만 지금의 내가 일상에서 어느 정도 자신감을 회복할까.

아내의 회복을 바라는 건 범부의 생각이겠고, 앞날을 살아가는 건 내 자신이라는 걸 알고 있다. 아침에 일어나면 병실의 아내에게 먼저 전화를 한다. '잘 잤느냐, 밤 새 별일 없느냐' 등, 의례적인 인사일 뿐이지만 내 심장은 긴장되어 있다. 아내의 힘없는 소리가 들릴까봐서이다. 이 세상 고초는 다 안고 있는 듯한 절망적인 목소리는 나의 기분을 한없이 언짢게 했다. 처음에는 거의 그랬다. 그러나 어느 날부터는 아내의 목소리가 바뀌기 시작했다. "네." 하고 응답하는 한마디라도 밝은 톤의 목소리였다. 나도 생기가 났다. 밝은 목소리를 내야 한다고 아내에게 그런 권유는 하지 않았다. 자발적으로 긍정적인 진정이 우러나왔으면 했다.

이제 병원에 아내 만나러 가는 길이 내가 '사는 길'이 되었다. 봉천역 승강장 유리문에 게시되어 있는 러시아 낭만주의 시인 푸시킨의 시에 힘을 얻는다.

삶이 그대를 속일지라도 슬퍼하거나 노여워하지 말라
슬픔의 날 참고 견디면 기쁨의 날이 오리니

옛날 선친께서 애송하시던 시구가 오늘을 사는 불효자를 달래는가 해서 경건해진다. 더운 날 더운 줄도 모르고 다녔다.

당치도 않게 클래식음악을 찾았다. 산뜻한 음악 감상이 스트레스 푸는 데 좋을까 해서다. 아파트 숲길 돌담자락에 앉아 엘가의 '사랑의 연가', 멘델스존의 '바이올린 협주곡', 젊은 날 익히 들었던 가곡까지도. 평생 좋아하던 대중가요보다 힐링이 되고 마음이 편했다. 지금은 책상이나 침실의 머리맡, 식탁에서도 유튜브의 클래식 음률이 잔잔히 흐르게 되었다.

아내의 병실에는 고관절 이상으로 걸음을 못 걷는 94세의 할머니, 머리를 다쳐 의식은 회복되었으나 언어와 신체활동이 부자연스러운 60대의 아주머니, 뇌졸중으로 하반신이 불편한 50세의 여인이 함께 치료받고 있다. 나는 이들 앞에서 늘 숙연해진다. 몸가짐을 단정히 하고 말 한마디나 행동거지에 조심을 한다. 어쩌다 한 때의 고난을 받고 있지만 그들에게서 진정한 삶의 의미를 배운다.

더위는 한창이지만 조석으로 스치는 바람의 결이 다르다. 오늘도 병실의 창가에 앉아 은천길의 풍경을 내려다본다. 따가운 햇볕 아래서도 사람들의 발길은 활발하게만 이어진다. 이어폰을 꽂고 클래식으로 병실의 나른한 분위기에서 벗어나고자 했다. '비 내리는, 가을의 노래, 책 읽는 시간'이라는 안내 글귀가 마음에 들어 클릭했더니 '가을에 듣기 좋은 세미클래식'이 흘러나온다.

달력을 보니 내일이 처서다. 서늘한 바람이 땅에서는 귀뚜라미 등에 업혀오고 하늘에서는 뭉게구름 타고 오니 더위가 물러간다는 절

기다. 가을이 반갑다. 그러나 별일이다. 지나간 여름이 꼭 지겹지만은 않다. 애잔한 그리움도 떠오르기 때문이다.

여름 석 달을 병실을 오가며 지냈다니, 아쉽고도 서글픈 시간이었다. 그래도 내게 힘이 남는 건 억척스럽게도 아내를 위해, 나를 위해 썼다. 나의 진정이 통해서일까. 아내는 내일 퇴원한다. 나의 병실 방문은 오늘이 마지막이다. 언어가 덜 회복된 60대의 환자가 재활치료실에서 일찍 돌아와 있었던지 나에게 손을 흔들어 주고 있다. '부디 쾌유하십시오.' 답례를 하면서도 이들에게서 배운 삶의 의지에 감사하고 있다.

푸시킨의 마지막 시구 '모든 것은 순간에 지나가고/ 지나간 것은 그리움이 되리니'를 생각한다. 은천길은 고뇌의 길이 아니라, 내게는 낭만의 길로 기억될 것이다.

진보라 저고리

서숙자

이른 아침, 이슬 머금은 진보랏빛 달개비꽃을 보면 생각나는 사람이 있다. 대학시절 기숙사 사감 선생님이시다.

그분은 신학교를 졸업한 후 목회자의 꿈을 가졌지만 6·25전쟁 중 한쪽 다리를 잃고 미혼으로 전도사의 길을 걷는다. 친척이라곤 이북에서 같이 온 여동생뿐이어서 퍽 외로운 분이다. 1956년 미국 남장로교 선교회(Mission of the Presbyterian, U.S.A.)는 기독교대학 대전대학을 세우고, 학생들을 기숙사에 기거하게 하면서 철저한 교육을 시킨다. 그때 선생님은 여자 기숙생들의 생활지도를 맡은 것이다.

나는 아버지의 특별한 권유로 지금은 한남대학교로 개칭한 이 학교 영문과에 입학했다. 기숙사 생활을 해야 한다는 말을 듣고 중학교 때 읽었던 현진건의 『B사감과 러브레터』가 머릿속을 스쳤다. 소설 첫 부분에 나오는 B사감의 외모는 그렇다 쳐도 '돋보기 너머로 쌀쌀한 눈이 노릴 때엔 기숙생들이 오싹하고 몸서리를 치리만큼 그는 엄격하고 매서웠다.'라는 구절이 떠올랐다.

괜한 걱정이었다. 선생님은 귀태가 흐르는 달개비꽃 같은 인상이었고, 곱게 빗어 내린 머리를 돌돌 말아 고정시킨 단정한 머리 모양은 어릴 적 어머니와 비슷했다. 이목구비가 뚜렷하면서도 중년의 부드러운 얼굴에 인자한 미소를 띤 기품 있는 모습은 나의 젊은 날을 잘 이끌어주실 것 같았다.

선생님 방은 언제나 깔끔하게 정돈되고 반닫이 위 침구를 덮은 천은 눈부시게 희다. 사시사철 한복을 입으시는데 저고리 동정이나 치맛자락에 때가 묻은 것을 본 적이 없고, 댓돌에는 하얀 고무신이 나란히 놓여있다. 틈만 나면 긴 빗자루를 들고 기숙사 마당을 쓸고 다니신다.

누구에게나 학생들을 '우리 딸들'이라고 하시며 자식처럼 품 안에 안고 책임감과 예의를 갖춘 올곧은 사람으로 가르치고 싶어 하신다. 캠퍼스 교회 새벽기도 때마다 맨 나중까지 홀로 남아 손수건으로 눈물을 훔치며 기도하시던 모습이 눈에 선하다.

우선 선생님은 어떻게든 학생들을 잘 먹이려고 노심초사(勞心焦思)다. 넉넉잖은 부식비로 왕성한 식욕을 채워야 하니 머리를 짜낼 수밖에 없다. 가끔씩 고향에서 자주 드셨다는 별미 준치 만둣국이나 주말 특별요리를 해주신다. 단골 메뉴인 오이장아찌 무침이 지겨워 졸업 후엔 먹지 않는다는 친구도 있지만 나는 지금도 즐겨먹는다. 오이장아찌를 먹을 땐 옛 시절로 다시 돌아가고 싶고, 더 좋은 음식을 해주지 못해 애틋해하는 어머니의 심정으로 돌봐주신 선생님에 대한 고마움이 밀려온다.

고고함과 당당함은 그분의 매력이다. 한없이 인자하고 겸손하시면서도 옳고 그름을 따질 땐 목소리가 우렁차다. 여자 기숙사라고 무시하다간 큰 코 다친다. 남학생은 얼씬 못하고, 기숙생들이 밤늦게 돌아오거나 규칙을 위반하면 혼쭐이 나도록 야단치신다.

가끔 식사와 저녁예배를 끝낸 우리는 느긋한 기분으로 선생님 주위에 모여든다. 그리고는 "선생님, 첫사랑 이야기 좀 해주세요."라고 졸라대면 "이 사람들아. 내가 무슨 사랑을…." 하면서 큰소리로 웃으신다. 노을 때문인지 얼굴이 붉게 물든다.

학교가 교외에 있어 주말마다 선생님은 장 보러 시내로 나가신다. 그러다 보면 늦을 때가 많아 우리는 버스정류장에 나가 선생님을 기다리다가 함께 배 과수원 길을 돌아온다. 인기척 없는 교교월색(皎皎月色)의 밤. 기숙사 바로 앞 호숫가엔 아름드리 큰 나무가 줄지어 서 있고, 배꽃나무 그림자와 둥근달이 호수 속에서 어른거린다. 4년간 선생님과 함께 살면서 잊지 못할 추억이 어찌 한두 가지랴.

졸업식 날이 왔다. 선생님은 검은 가운 안에 초록색 저고리를 입은 나를 부르시더니 좀 추워 보인다며 반닫이 깊은 곳에서 진보라 저고리를 꺼내 입어보라 하셨다. 내가 좋아하는 달개비꽃 색이다. 소중하게 아껴둔 비단 저고리임에 틀림없었다. 선생님은 겨울엔 쑥색이나 회색, 여름엔 베이지색이나 흰색 치마저고리를 입으셨기에 진보라 저고리는 처음이다.

졸업식을 마치고 저고리를 되돌려드리자 선물이라며 받지 않으셨다. 큰 은혜를 받았으면서 변변한 선물도 드리지 못하고 저고리만 받고 그분 곁을 떠나야만 했다. 여동생 한 분과 조카 외엔 찾아오는 가족도 없는 외로운 분, 여름과 겨울 긴 방학 동안 텅 빈 기숙사에 홀로 계실 선생님이 걱정되곤 했다.

내가 서울에서 신접살림을 한다는 소식을 들으시고 스테인리스 밥통과 밥공기 6개를 보내주셨다. 만년필로 쓴 긴 편지와 함께. 지금도 고이 간직하고 감사한 마음을 잊지 않는다.

세월이 흘러 선생님도 대전을 떠나 안양에 있는 목회자를 위한 원로원으로 거처를 옮겼다. 점점 기력이 약해지고 당뇨도 생겼다. 졸업생 몇이 불쑥 찾아뵙는 것도 예의가 아닐 것 같아 방문할 날짜를 알려드리면 먹을 것을 한 상 가득 차려놓고 기다리셨다. 다시 원로원이 공주 외곽으로 옮긴 후 몇 번 찾아뵌 적이 있지만 자주 가진 못했다.

어느 날 후배한테서 선생님이 서울 노인요양병원에 입원하셨다는 연락을 받고 찾아뵈었다. 순간 아무 말도 할 수 없었다. 그 누구 앞에서도 당당함을 잃지 않고 폐 끼치기 싫어하신 선생님은 힘없이 침대에 누워계셨다. 검약과 절제의 모습, 총명한 눈매와 건강한 모습은 다 어디로 갔는지…. 하지만 사랑이 넘치는 인자한 모습은 그대로였다.

며칠 뒤, 과일을 사 들고 병원에 갔다. 오늘은 진보라 저고리를 여전히 잘 간직하고 있고, 그것을 볼 때마다 선생님이 뵙고 싶었다고 말할 참이었다. 삶의 힘든 길목마다 저고리를 꺼내보며 선생님의 가르침을 기억했다고 조곤조곤 나누고 싶었다. 옛날처럼 딸을 위한 눈물겨운 기도를 꼭 한 번 듣고 싶다는 생각을 하며 계단을 올라갔다.

2층 병실. 웬일일까. 선생님이 누워계시던 침대가 텅 비었다. 검사실에 가셨나 하고 간호사에게 물었다. 그녀가 말했다. "오늘 아침 돌아가셨어요!"라고. 허망했다. 가슴이 아파왔다. 믿기지 않아 주위를 둘러보다가 하얀 시트를 젖히고 침대 밑을 살펴보았다. 미처 치우지 못한 의족(義足)이 덩그러니 놓여있었다.

2.

술 익는 마을

술 익는 마을에서

이명지

나는 술을 좋아한다. 나이가 들어가면서 더 그렇다. 저녁 으스름 녘이면 따끈한 청주 한 잔에 뜨거운 어묵탕이 생각나고, 소주 반잔에 맥주를 적당히 채운 소맥이 그리워진다. 근사한 레스토랑에서 와인리스트를 정독하다 메를로 와인을 병으로 주문할 땐 행복하기까지 하다. 술맛은 역시 인생 맛을 좀 알 때가 제격이다. 굴곡진 인생사 없이 술맛을 어찌 알랴.

그래 나는 술친구들을 제일로 친다. 예정에 없이 주당집회 소집령을 발동하는 것도 좋아한다. 술 한 잔 나눌 수 없는 사람과는 속 깊은 이야기도 되지 않는다. 언제나 기껍게 달려오는 나의 술벗들, 그들은 언제나 멋지다. 술이 필요한 게 꼭 이유가 필요할까. 어느 날은 공돈이 생겨서, 어떤 날은 가슴이 헛헛해서, 바람이 좋아서, 빗소리가 노래 같아서, 그냥 술이 당겨서… 그냥 친구가 필요할 뿐이다. 술이라는 친구. 가끔은 혼자 술을 마신다. 지금까지 꿋꿋하게 잘 버텨준 내가 대견해서 축배를 들고 싶을 때 제 어깨를 스스로 다독이며 잔을 채운다. 기껏해야 나의 주량은 와인 반 병 수준, 그야

말로 술을 즐기는 정도다.

술을 놓고 사람과 만나는 법을 나는 일곱 살 때 아버지에게서 배웠다. 아버지는 진정한 애주가셨다. 내 기억에 우리 집에는 언제나 술이 있었던 것 같다. 대개 집에서 담근 동동주이거나 더러는 손님이 사온 됫병의 백화수복 청주, 막소주가 있었다. 손님이 오시면 솜씨 좋은 엄마가 뚝딱 만들어내는 안주 맛에 막내인 나는 아버지 옆에 껌딱지처럼 붙어 앉아 안주를 축내곤 했다. 우리 집에는 손님이 많은 편이었다. 집에 술이 있으면 아버지가 동네 친구들은 집으로 부르셔서 술잔 기울이기를 좋아하였고, 더러는 술 생각이 나거나 고민거리가 있는 사람들이 찾아와 아버지에게 조언을 청하기도 하는 것 같았다. 아버지는 그저 귀 기울여 들어주는 역할을 하고 있었을 뿐 딱히 해결방도를 제시하거나 조언을 하는 것 같지는 않았다. 그런데도 신기하게 사람들은 마음이 후련해졌다며 돌아가고 다시 술병을 안고 찾아오곤 하였다. 그저 일개 농사꾼에 불과하였지만, 아버지는 같이 웃어주고 깊이 고개를 끄덕여주고, 같이 아파해주는 속 깊은 사람이었던 모양이다.

명절 때면 우리에게도 술 한 잔씩 따라주고는 술은 어른에게 배워야한다며 주도를 가르쳐주곤 하였다. 일곱 살이 되던 정월 대보름날 저녁 그날은 연중행사로 먹는 고기수육을 놓고 술상을 받으셨는데 어머니는 술을 못하셨기에 막내인 내가 술상 맡에서 아버지의 술친구 노릇을 하게 되었다. 동동주에 사카린 한두 알을 넣으니 쌀알이 동동 뜨는 게 꼭 감주 같아서 홀짝홀짝 마시다 한 잔을 다 비워버렸다. 소변이 마려워 일어서려는데 세상이 온통 빙글빙글 돌아 픽 쓰러지고 말았다. 결국 언니 등에 업혀서 찬바람을 쐬고 난리를 피운 끝에 진정이 되었지만 얼마나 혼쭐이 났는지 그날 이후 나는 술을 입에도 대지 않았다. 술이 자신의 의지와는 상관없이 사람을 얼마나 우습게 만드는지 나는 일곱 살에 이미 알았다.

다시 술을 마주하게 된 때는 세상이라는 저잣거리를 만나게 되면서부터이다. 사회생활 속에서 가장 흔한 것이 술자리인데 분위기에 어울리려다 보니 익숙해진 것도 있지만 술이 주는 소통의 흔쾌함과 따뜻함은 그 어떤 것으로도 대신할 수 없다는 것을 느꼈기 때문이다. 애주가 아버지의 유전인자를 물려받았다면 그 소통의 인자도 물려받았기를 나는 소망했다. 오가는 술 잔 속에서 사람을 위로 할 수 있는 능력을 갖췄다면 이보다 더 큰 유산이 어디 있으랴.

나는 어머니처럼 동동주를 잘 담그는 법은 알지 못한다. 그래도 해 걸러 매실주를 담그고 복분자주도 담근다. 언젠가는 진달래술도 담가볼 요량이다. 내가 빚은 술들이 어찌 고수의 그것들과 비기랴. 허나 이 서툰 술들이 익을 때쯤 그리운 이들을 불러 시간이 우러난 술 한 잔 권하며 그의 이야기에 깊이 귀 기울여주는 사람이고 싶다. 그렇게 익어가고 싶다.

옛 친구

이봉길

종로3가역에서 지하철이 섰다. 사람들이 내리고 타는 모습을 보고 있던 나는 의자에서 벌떡 일어나 슬라이딩도어가 닫히기 직전에 뛰어내렸다. 열린 문 사이로 옛 친구를 보았기 때문이다.

러시아워에 사람들 사이를 비집고 저만치 앞서가는 친구를 따라잡아 어깨를 툭 쳤다. 놀란 표정으로 고개를 돌린 사람은 친구가 아니었다. 처음 보는 중년남자였다. 나는 얼른 고개를 숙여 사과하고는 잠시 멍하게 그 자리에 서 있었다.

옆모습이 내 고향친구와 꼭 닮은 사람, 그러고 보니 그 친구를 마지막으로 본 지가 삼십 년이나 됐다. 사십 대에 만났으니 그때의 모습만을 기억하고 있었다. 그도 지금은 나처럼 노인이 되었을 텐데. 손전화가 없었던 시절 회사전화번호만 수첩에 적어두고 있었는데 어쩌다 그 전화번호마저 잊어버렸다.

그 친구는 한동네서 자란 죽마고우다. 어릴 때 같은 동네에는 내 또래가 세 명이 있었는데 한 명은 중학교 때 이사 갔고, 다른 한 명은 내가 고등학교를 졸업하고 서울로 올라온 뒤 외지로 떠나면서 소식이 끊어졌다. 혼자 고향에 남아 있었던 그 친구만 내가 집에 갈 때마다 술 한 잔 마시며 우정을 나누곤 했다. 특히 그는 우리 어머니가 돌아가신 후 누나와 내가 외지로 나가고 없을 때, 초등학교 다니는 내 동생을 친동생처럼 돌봐주었던 친구가 아닌가.

고향 친구를 생각하면 우리 집 대문 밖에 서 있던 오동나무를 빼고 말할 수 없다. 그 나무는 고목이 되어 대문 쪽으로 비스듬히 기울어져 있었지만, 우리는 그 나무에 오르기도 하고 여름에는 넓은 잎을 몇 장 따서 그늘에 깔고 놀았다. 나는 직업군인으로 여러 지방으로 옮겨 다니느라 명절 연휴나 휴가 때만 집에 갈 수 있었다. 고향집에 갈 때마다 동네 어귀에 들어서면 나지막한 지붕들 너머로 가장 먼저 눈에 띄는 오동나무를 보면 마치 가족이 마중 나온 것처럼 반갑고 마음이 놓였다. 그런데 어느 해 가을에 그 나무가 보이지 않았다. 나는 집안에 무슨 큰일이라도 생긴 것처럼 가슴이 두근거리고 불안했다. 아버지가 대문을 새로 세우고 개나리 울타리를 블록 담장으로 바꾸면서 나무를 베어냈다고 했다. 그즈음 그 친구는 동생한테 전화번호를 남기고 먼 도시로 떠났다.

고향집 오동나무처럼 눈만 뜨면 서로 치대면서 자랐던 친구와 마지막 소식이 끊어지게 된 것은 전적으로 내 탓이었다. 그 친구가 고향을 떠난 후 연락이 닿아 서울과 인천에서 두세 번 만났지만, 바쁘다는 이유로 얼마 동안 서로 연락 없이 지냈다. 어느 날 그에게 전화했더니 그는 회사를 그만두었고 연락처도 모른다고 했다. 그랬던 그가 어느 때 내가 근무하는 부대 근처를 지나다 외출 나온 병사에게 명함을 건네주며 내게 전해주라고 했단다. 나는 그 명함을 받아

책상 위에 얹어놓고 며칠 후에 찾으니 보이지 않았다. 사무실 근무자들에게 물어보고 책상 서랍과 서류들을 다 뒤져봤지만 찾을 수가 없었다. 나는 요즘도 그 친구를 생각하면 가슴이 찡하게 아파온다. 옛 친구와 우정을 잇지 못하게 된 자책이 마음속에 자리 잡고 있는 것 같다.

친구를 굳이 분류해야 할 필요가 있을까마는 대개 어릴 때 같이 자란 죽마고우, 학창 시절의 친구와 어른이 돼서 직장이나 취미생활로 가까워진 친구로 나눌 수 있겠다. 나는 그중에서 코흘리개 시절부터 뒹굴며 함께 자란 옛 친구가 가장 그립다.

현대 중국문학을 대표하는 작가 자핑와*를 두고 사람들이 말하기를 그는 늘 친구와 우정을 나눌 수 있는 무엇인가를 준비하고 있으며 많은 시간을 친구들과 함께 보내고 있다고 한다. 그는 이렇게 말한다. "누구는 내가 친구를 잘 사귀는 사람이라고 이야기한다. 그러나 이런 이야기를 하는 사람들은 내 시간의 대부분을 친한 친구들이 점령하고 있다는 사실을 전혀 모른다. 항상 나는 밥상에 놓인 생선 요리 같다는 느낌이다. 이 사람도 와서 한 점, 저 사람도 와서 한 점씩 발라먹어 결국 뼈밖에 남지 않은 그런 생선 말이다." 그의 『친구』라는 책을 보면 이렇게 뼈밖에 남지 않는 생선이 되는 것을 인생의 큰 즐거움으로 받아들이는 것 같다.

군인이라는 핑계로 모임에도 자주 나가지도 못하고 내가 먼저 연락하는 경우가 드물었다. 친구들에게 송구하다. 특히 내가 소홀해서 소식이 끊어지고만 유일한 옛 친구를 다시 만나면 뭐라고 용서를 구해야 할지 모르겠다.

'우정은 산길 같아 자주 오고 가지 않으면 잡초가 우거져 길이 없어진다.'라고 하는 말이 생각난다. 쟈핑와처럼 늘 친구를 위한 무엇인가를 준비하고 있지는 못하더라도 가끔은 친구와 차 한 잔, 밥 한 끼 먹고 서로 마주하며 안부를 챙겨야겠다.

*쟈핑와(賈平凹, 1953~)는 중국 현대문학을 대표하는 작가로서 전통문화에 대한 새로운 문학적 탐색을 시도함으로써 사회주의 이념과 서구문명이 판치는 중국의 주류문화를 비판하는 심근문학의 대표작가이다. 중국 내 최고 문학상을 네 차례 수상했으며, 미국 황금비마문학상, 프랑스 페미나 문학상 등을 수상했다. 주요작품으로는 『쟈핑와문집』 『친구』 『가오싱』 등이 있다.

멋쩍은 웃음

박 현 일(路昔)

요즘 '선진화'란 말이 가끔 신문 방송에 오르내린다. 그때마다 옛 기억이 새록새록 떠올라 씁쓰레한 웃음이 저절로 나온다.

지난 80년대 초, 당시 인천에서 근무할 때였다. 거리 곳곳엔 '개항(開港) 100주년 기념' 현수막이 펄럭인다. 일본의 강압에 의한 강화조약으로 선진화된 신문물을 받아들일 수밖에 없었던 때로부터 100년 되는 해다. 이 무렵 '선진조국건설'이란 구호 아래 온 나라가 '선진화운동'의 큰 물결에 휩쓸려 몸살을 앓고 있었다.

그 몸살은 전자기기를 운용·유지 보수하는 기술부서도 감수할 수밖에 없는 처지다. 2주마다 선진화 실적과 실천 계획을 보고해야하는 자체가 큰 부담이다. 업무 과중은 물론 부서의 특성상 한계가 있기 때문이다. 그렇지만 어쩌랴? 보고를 위한 보고, 페이퍼 워킹, 꾸며서라도 해야 한다. 실효성은 그 다음 문제이며 선택의 여지가 없다. 직원들의 짜증과 불만도 이만저만이 아니다.

그러던 어느 여름날 오후 3시, 휴식 시간에 갯바람에 머리를 식힐 겸 바람이 잘 닿는 옥상으로 올라갔다. 푸른 바다, 부서지는 파도,

그 파도를 타고 자맥질하거나 하늘을 유유히 나는 갈매기, 그들이 몹시 부럽다. 답답한 심정으로 「길」이란 소월의 시 한 토막을 떠올리고 있었다.

> 여보소 공중에 저 기러기/ 공중엔 길 있어서 잘 가는가
> 여보소 공중에 저 기러기/ 열십자 복판에 내가 섰소.

그때 "무엇을 그리 골똘히 생각하세요?"라는 말에 돌아보니 선진화운동 업무를 담당하는 관리과 P양이다. "바람 쐬고 휴게실로 수박 파티 하러 가는 길입니다. 같이 가시지요."라며 이끈다.

휴게실엔 이미 여직원 10여 명이 모여 있다. 뜻밖의 갑작스런 방문에 수박을 먹다 말고 의아히 맞는다. H양이 "부장님! 부장님은 금남(禁男)의 방에 유일하게 처음 오신 분입니다. 감회가 어떠세요?" 하며 분위기를 잡고 "선물 하나 해주세요." 한다. 준비되지 않은 뜻밖의 주문에 내심 당황했다. 그러나 태연스럽게 "영광입니다."라고 하는 순간, 문득 몇 년 전 미국 출장지에서 겪은 일이 스쳐간다.

뉴욕 거리를 걷고 있을 때, '쪽쪽' 하는 소리에 멈칫하고 그쪽을 무심코 돌아보았다. 젊은 남녀가 포옹하며 입맞춤하는 광경이 아닌가. 동행한 미국인이 '미국식 인사'라고 가볍게 말한다. 하지만 이방인의 눈엔 낯선 모습이다. 당시 우리 사회 정서로서는 오늘날처럼 쉽게 받아들이기 어려운 광경이다. 그 광경이 실현성이 희박하고 우리 부서로서 받아들이기 어려운 선진화운동의 경우와 겹쳐서 다가온다.

옳지! 이거다. 이 분위기를 슬기롭게 넘기려면 '선진화와 인사'라는

내용을 급조해서 '금남의 방에 들어온 선물'과 '선진화운동에 대한 입장', 이 두 마리 토끼를 잡을 수 있다는 생각이 순간 스쳐간다.

"인사는 왜, 언제 합니까?"라고 먼저 질문을 던졌다. 대답은 각양각색이다. 존경, 안부, 친밀감 등의 말이 쏟아진다. "모두 옳은 말씀이요."라며 조선초 청백리 황희 정승 식으로 대답하고 말문을 열었다. "여러분의 주문에 '인사의 선진화'라는 얘깃거리로 선물을 갈음하고자 합니다. 어떻습니까?" 모두 "좋아요." 하며 귀를 기울인다.

"인사란 서로의 인간관계를 원활히 하고자 일정한 형식을 취한 의례적인 행위라고 할 수 있습니다. 인사는 유래도 많고 형식 또한 각양각색입니다. 고대 수렵시대 싸움에 패배한 자가 무기를 버리고 땅에 납작 엎드려서 이마를 조아리고 승자에게 절대복종을 맹세한 의식이 오늘날 '큰절'의 유래라고 알고 있습니다. 따라서 '절'은 인사의 한 형식으로 자기 자신을 가장 낮추는 자세입니다. 은(殷)나라 때의 제천의식에서 유래된 국궁(鞠躬*)이나 서양에서 무장을 해제했다는 표시에서 유래된 거수경례와 악수*도 인사지요. 따라서 인사는 약자가 강자에게, 아랫사람이 윗사람에게 먼저 하는 것이 일반적입니다. 인사는 그 민족이나 시대 그리고 성별, 신분, 연령, 계절, 종교, 방법 등에 따라서 달리 변천되어 왔습니다. 우리나라는 큰절부터 반절, 국궁, 목례, 미소, 눈인사, 악수까지, 그 외에도 거수경례, 국가나 단체 행사 때의 묵념도 일종의 인사입니다. 선진화란 무엇입니까? 문물이 앞선 나라를 본받자는 것 아닙니까? 미국을 비롯한 일부 나라에선 남녀가 서로 껴안고 이마나 볼에 입맞춤하는, 특히, 은혜 하는 연인끼리는…."

여기까지, 말이 채 끝나기도 전에 여태까지 진지하게 듣던 여직원들은 실내가 떠나갈 듯 박장대소한다. 잠시 후 "부장님" 하면서 다시 큰 박수를 보낸다. 억지 춘향 격으로 하는 선진화운동에 대한 속내를 들킨 듯하여 멋쩍기는 했으나 사실은 들키기를 바랐다. 말없는 절대 다수를 위해서….

"여러분 중에 당장 선진 인사할 분 있습니까?"

다들 쑥스러운 표정이다.

"없지요. 강제라면 몰라도…."

해서. 금남의 방에 들어간 선물은 성공한 셈이 아니던가.

다음날 아침. 출근길에 마주 오는 H양이 밝은 모습으로 "안녕하세요." 하며 목례를 한다. 나는 짐짓 웃으며 "선진화합시다."라고 답례했더니 "아이 부장님도, 참!" 하며 깔깔대고 손으로 입을 가리며 허리가 끊어질 듯 웃는다.

선진화는 당시 기회 있을 때마다 개혁과 더불어 신문이나 방송 등 언론 매체의 단골 메뉴였다. 요즘에 언론에서 종종 '선진화'라는 말을 들을 때면 그 옛날 계면쩍고 어색한 표정을 지으며 멋쩍게 웃던 H양의 모습이 추억으로 찾아온다. 파란 하늘에 기러기 유유히 날던 그날, 속이 붉고 씨가 까맣게 잘 익은 수박이 먹고 싶다.

*국궁(鞠躬): 은(殷)나라의 제천의식에서 제물로 바친 양이나 돼지의 꼬리가 머리와 서로 닿도록 허리를 둥글게 꾸부린 모양에서 유래되었으며, 서서 허리만 굽히는데서 유래.

*거수경례와 악수: 거수경례는 서양에서 무장해제 표시로 두 손을 위로 올리는데서, 악수는 손을 앞으로 내미는데서 비롯되었다.

부부싸움

오경자

나 혼자 놔두고 그렇게 가 있으니 좋으냐고 눈을 흘긴다. 그러기에 조금만 덜 마시지 그랬냐, 몸 생각 좀 하고 조심 좀 하지 그랬냐, 말도 끔찍이도 안 듣더니 거 봐라, 등등 한없이 퍼부어대도 반응이 없다. 눈도 껌벅이지 않고 그대로 듣고만 있다. 반응이 없으니 심드렁해지며 한숨 한 번 길게 내쉬고 이내 입을 다물어 버린다. 이 정도 길게 쏟아냈다면 집이 떠나갈 정도의 큰 목소리로 그만 못하느냐는 질타가 서너 번은 날아왔으련만 조용하다. 사진이 어찌 눈을 흘기고 소리를 지를 수 있으랴.

손바닥이 마주쳐야 소리가 나지 않겠느냐는 속담이 떠오르며 부부싸움을 할 수 있다는 것 자체가 행복임을 실감하는 순간이다. 늦게 들어와서는 공연히 사진에 대고 '약 오르지?' 하면서 늦게 왔다고 타박하는 사람 없음에 대한 설움을 삼킨다. 홀로 하는 부부싸움을 할 만큼의 정신 줄이나 죽을 때까지 붙잡고 살 수 있는 행운을 빌어본다.

평생 어른들을 모시고 사느라 부부싸움다운 싸움도 제대로 못하고 살았다고 생각했는데 남편 가고 얼마 지나지 않은 어느 날 아들이 어떻게 아빠 하고 이혼 않고 살았느냐고 진지하게 묻는 바람에 기가 탁 막혔다. 하교 길에 엄마가 오늘 집을 나갔으면 어떻게 하나 하는 걱정을 안고 올 때가 많았다는 것이 아닌가? 그런 날 내가 집에 있으면 뛸 듯이 기쁘면서도 이상하게 생각되더라며 웃는 아들도 이제 중년이다. 대답을 재촉하듯 지긋이 쳐다보는 아들의 웃음에 고마움이 배어있다.

좀 참을 걸 아이가 얼마나 불안했을까 싶으니 미안하기 그지없다. 그런 속에서도 잘 자라준 아들에게 감사하는 마음이 들면서 목이 메어온다. 별것도 아닌 일로 무던히도 싸우고 산 것 같기는 하다. 그래도 금슬 좋다는 소리를 들었는데 아들에게 허를 찔렸다. 저렇게 실없이 사라질 줄 알았더라면 하는 대로 내버려둘 걸, 술 좀 덜 마셔라, 좀 아껴 써라, 등등 효험 없는 처방전을 들이대며 힘만 빼며 살았다. 부부싸움이 칼로 물 베기임을 알 리 없는 아이만 불안하게 만들었다. 이제 벨 물이 없으니 아쉬워한들 무슨 소용이 있겠는가. 며느리가 못난 시어미의 전철을 밟지 말아 주기를 바랄 뿐이다.

귀한 것과 하찮은 것

권 예 자

재활용품 분리수거를 하는 날이다. 어느 집에서 내놓았는지 책들이 엄청나게 쌓여있다. 작은 산 같다. 웬만한 사람은 소장할 엄두도 못 내던 서른네 권짜리 동아대백과사전을 비롯하여 요리백과 시리즈, 국어대사전, 영한사전은 물론 출판사에서 갓 나온 듯 깔끔한 잡지와 문학 서적도 많다.

위인전, 단편소설전집, 동양철학전집, 시집, 수필집, 동화책… 어느 작가가 절필하며 소장하던 책을 내놓았을까? 아니면 저명한 학자가 돌아가셔서 책을 좋아하지 않는 가족들이 유품을 정리하는 것인지.

마음이 저릿해서 그냥 지나치지 못하고 한참을 들여다보았다. 세상을 떠들썩하게 했던 베스트셀러는 물론 이름만 대면 알만한 대단한 작가의 책도 예외 없이 그 속에 끼어있다. 한때는 귀한 책이었으나 지금은 하찮은 책이 된 것이다.

욕심 같아서는 모두 우리 집에 들여놓고 싶었다. 그런데 이것을 고르면 저것이 아까워 골라낸 책이 태반이 넘는다. 게다가 우리 책장도 책으로 넘쳐나니, 눈 딱 감고 돌아설 수밖에 없다. 최근에 출간된 『어린 왕자』만 가슴에 안고….

나도 이사하면서 보관할 장소가 마땅치 않아 젊어서부터 모은 책 몇 백 권을 정리했던 기억이 있어 마음이 쓰렸다. 알만한 곳에 문의해도 가져간다는 곳이 없어서 폐지 모으는 분께 무료로 드리는데도 이런 건 도움도 안 된다며 배짱이 이만저만이 아니었다.

젊어서는 가정과 직장을 오가느라 너무 바빠 책을 읽을 시간이 없었다. 해서 직장을 그만두면 읽으려고 사 모았던 책들이다. 없는 돈에 할부로 산 것이 대부분이니 애착도 많았지만, 책장이 누렇게 바래고 작은 글자가 세로로 쓰여 있어 노안이 된 내가 읽기가 어려운 탓도 있었다. 게다가 신간 서적이 작가의 친필사인과 더불어 자주 배달되니 보관할 곳이 마땅치 않아 정리했지만 오래 마음이 아팠다.

내가 어렸을 때는 책이 몹시 귀해서 책을 한 권 사면 여럿이 돌려가며 읽었다. 해서 라디오가 흔해지기 전까지는 동네 어른들이 함께 모여 이야기책을 읽거나 들었다. 당시 어른들은 문맹이 많았고 책도 귀했기에 책 읽어주는 날을 축제처럼 기다리곤 했다. 낮에 전갈이 가면 일찍 저녁을 드시고 고모네 큰방으로 오셨다.

고모부와 아버지는 우리 동네의 전기수(傳奇叟*)인 셈이었다. 어떤 책은 하룻밤에 끝나기도 하지만 신소설은 며칠 밤을 연속으로 읽었다. 듣는 사람들의 추임새(?)가 좋아서 두 분의 음성이 더욱 활기를 띠곤 했다.

고모부의 음성은 낮고 부드러워서 내용이 차분하게 전달되었다. 아버지의 목소리는 힘이 있고 감성적이어서 듣는 이들의 심금을 울렸다. 『장한몽』, 『춘향전』, 『심청전』, 『홍길동전』은 물론 당시로선 신소설이던 김내성의 『마인』, 『진주탑(眞珠塔)』, 그리고 다섯 권이나 되던 『청춘극장』 같은 책도 대본해서 읽으셨다. 어느 대목에서는 훌쩍훌쩍 울기도 하고, 또 어디에서는 왁자하게 웃고, 또 어떤 때는 울분을 토하며 한마음이 되곤 했다.

훗날 일제 강점기를 배경으로 펼쳐진 정말 재미있던 『진주탑』이 뒤마(Dumas, A.)가 쓴 『몽테크리스토 백작』의 번안소설임을 알고 크게 실망했다. 하지만 우리 정서에 맞게 잘 번안되었기에 원작보다 더 재미가 있었던 것 같다.

두 분이 번갈아가며 어느 정도 책을 읽으면, 조금 쉬면서 가지고 온 음식들을 나누어 먹으며 웃음꽃을 피웠다. 그런 날이면 아이들은 몰래 문밖에서 듣기도 하고, 끼리끼리 다른 집에 모여 별것도 아닌 얘기에 까르르까르르 웃으며 놀았다. 대동 다리 근처 신안동, 신작로 옆 동네는 그래서 긴 겨울밤도 마냥 짧았다.

나중에 라디오연속극이 나오고, 무성영화 시절을 거쳐 TV연속극이 등장했지만, 당시의 소설 낭독도 나름대로 큰 인기가 있었다. 보이지 않는 작중 인물을 자신의 상상으로 설정하여 듣기 때문에 더 감동적이었을지도 모른다.

나는 아이들이 보면 안 된다는 그 책들을 어른들이 안 계실 때 재빨리 읽고 시치밀 떼곤 했다. 사실 내가 또래보다 일찍 글자를 알게 된 것도 아버지가 읽으시는 책이 궁금해서 몰래몰래 보다가 그리된 것이다. 숨어서 읽던 책은 더 재미있었고, 글자로만 알던 사랑은 왜 그리 아름다웠던지…. 초등학교 때도 세계소년・소녀명작과 더불어 어른들이 보시는 소설을 몰래 보는 습관은 여전했다.

중학교에 들어가자 나는 원동서점의 단골손님이었다. 용돈이 생기면 등굣길에 친구와 함께 책을 한 권씩 대본해서 그날 학교에서 제 것을 다 읽고, 하교하면서 서로 책을 바꿔 밤새워 읽었다. 한 권 대본 값으로 두 권의 책을 읽기 위해 공부 시간에도 책상 밑에 두고 몰래 읽다가 선생님께 꾸중을 듣기도 여러 번이었다.

하지만 나는 삼 년 내내 그 버릇을 고치지 못했다. 절실함 때문이었을까? 나중에 여유롭게 읽은 책들은 쉽게 잊혔어도 그때 읽은 책의 내용은 지금도 내 지식의 밑바닥에 고여 있는지 종종 생각이 급할 때 튀어나오곤 한다.

오랜만에 『어린 왕자』를 다시 만난다. 읽을 때마다 달리 읽히는 어린 왕자다. 먼지 낀 마음이 조금씩 맑아지는 듯, 잊었던 감성이 또 나를 자극한다. 그는 말했다.

"사막이 아름다운 것은 어딘가에 우물을 품고 있기 때문이야."

갑자기 묵직한 것으로 머리를 한대 얻어맞은 느낌이다. 이게 아니다 싶어 서둘러 다시 재활용품수거장으로 나갔다. 그런데… 그 몇 시간 사이에 일기예보에도 없던 집중호우가 내렸는지 책들이 물을 먹어 질펀하다. 귀한 말들도 흥건하게 젖어 빗속으로 떠내려가고 있다. 귀한 것을 하찮게 여긴 벌을 톡톡히 받은 것이다.

*전기수(傳奇叟): 조선 후기 소설을 전문적으로 읽어 주던 낭독가

다리미

신윤선

복중에 구슬땀을 흘리면서 구겨진 마음과 주름진 사랑을 다린다. 앞으로 내가 남편의 와이셔츠를 얼마나 다려보겠는가.

내게는 세 개의 다리미가 있다. 하나는 오래전 내 이십 대 초반에 친정어머니께서 혼수로 사두신 것이다. 무겁고 투박한 모양이지만 그래도 그 시절엔 제일 좋은 제품으로 여긴 것이라 혼수로 가져온 그 다리미를 지금도 가끔 사용한다. 그리고 십여 년 전 큰애가, 늦은 밤까지 많은 옷을 다리는 엄마를 위해 분무기 없이 다림질할 수 있는 것으로 사왔다. 그 후 멋을 잘 내는 작은애가, 구김 간 옷을 걸어놓은 상태로 주름을 펼 수 있는 스팀다리미를 사들였다.

아침에 설거지하고 있는데 출근하려던 남편이 바쁘게 부른다. 내일 예식장에 가야 하니 와이셔츠 좀 다려 놓으란다. 말이 떨어지기 무섭게, 이 더위에 무슨 다림질, 편한 복장으로 가면 어떠냐고 했다. 남편은 갑자기 큰 눈을 더욱 크게 뜨고 "아들이 부탁했으면 누워있다가도 했을 걸?" 버럭 화를 내더니 휙 나간다. 복중 아침부터 좋은 말로 부탁해도 할까 말까인데 왜 화를 내느냐고 남편의 등 뒤에 한

마디 한다.

'아휴 좀 언짢으면 큰소리로 말하는 저 습관은 35년을 살아도 고쳐지지 않으니….' 볼멘소리로 중얼거리면서 남은 설거지를 한다. 서운함을 삭여보려고 텔레비전을 켰다. 낯익은 연예인이 나오는 드라마다. 가족을 위해 자신을 희생하고 살았던 아버지의 모습이 펼쳐진다. 그 드라마의 아버지에서 남편의 느낌을 받는다. 찡한 마음의 여운을 남기고 끝났다.

좀 전의 서운함이 가라앉은 것 같다. 촉촉해진 마음을 양팔로 쓸어안고 옷장 문을 열었는데 오늘따라 낯설다. 젊어서는 옷장 가득 걸려 있던 와이셔츠가 몇 장 덜렁 걸려있다. 나이 들면서 점점 편한 옷을 즐기다 보니 정장할 때가 적었다. 그래, 경조사에나 한 번씩 입는 정장인데 하면서 흰색 와이셔츠를 꺼내 든다. 다림판과 다리미를 준비해 놓고 앉으니 오랜만의 다소곳한 내 모습인 것 같다.

남편의 셔츠를 언제 다려본 것일까. 젊어서는 남편의 와이셔츠뿐 아니라 속옷까지 다림질해 주지 않았나. 매일 갈아입는 와이셔츠와 속옷, 그리고 바지에 스웨터까지. 밖에 나가 혹시라도 구겨진 옷을 보고 흉이라도 잡힐까 싶어 매일 다림질을 했다. 귀찮다는 생각도 안 했다. 가족을 위해 샛별 보고 출근하는 남편의 노고에 다림질 정도는 아무것도 아니라는 나름의 애정이었을 게다.

그런데 언제부터인지 그 다림질이 귀찮고 힘들었다. 그도 그럴 것이 건강도 약해지고 작은아들은 결혼했고 큰아들은 직장 따라 나가 산다. 매일 하던 일이야 그러려니 하지만 어쩌다 하려는 일은 일삼아서 해야 하는 것 같았다. 그래서 가끔 다릴 옷이 나오면 세탁소에 맡기곤 했다.

'그랬었지' 하면서 적당히 가열된 다리미로 깃을 다려 세운다. 등판 위에 널브러져 있는 내 부덕한 구겨진 마음도, 주름진 남편에 대한 사랑도 천천히 다려 나간다. 이 다림질을 앞으로 내가 얼마나 더 할 수 있다고 그렇게 투덜거렸나 괜한 심통에 무안했다. 잘 다려진 와이셔츠를 걸어놓고 보니 빛이 난다.

남편에게 메시지를 보낸다. '와이셔츠 다려 놓았어요.'라고. 바로 답이 온다. '정말 고맙소.'

상상 그 너머

- Pink Art Fair, Seoul 2018

金貞義

2월 하순 어느 을씨년스런 오후였다.

서양화가인 문우 P의 초대를 받고 인터컨티넨탈 서울 코엑스 7층으로 찾아갔다. 769호실에 들어서니 P가 환한 꽃미소로 맞는다. 거기엔 다른 6명의 작가들 작품이 그의 작품 5점과 함께 진열되어 있다. 맨 먼저 P의 작품에 시선이 쏠린다. 차가운 로봇에 비단 한복을 입힌 메커니즘 속 소통이 이채로웠다. '색동치마 로봇미인', 무지갯빛 실크스카프를 두른 '접화군생', 호사스런 대례복에 구름모양의 가채를 쓴 '조화상생' 등의 작품을 작가의 설명을 들으며 감상하니 한결 따스하게 다가온다.

29개의 방에 보통 5명의 작품이 지열되어 있다. 나는 발걸음을 재촉하여 다음 장소로 옮겼다. 부푼 호기심으로 들어서는 방마다 작가의 풍부한 상상력과 반짝이는 아이디어가 나의 눈길을 끈다. 그 실험적 작품들은 낯설어서 신선하고 난해하여 안타까웠다.

모든 것은 자기 아는 만큼만 보이는 법, 내 나름대로 감상할 수밖에는 없다. '비밀의 정원'에서 행복을 추구하고, 번쩍거리는 크리스털 장

신구에서 별과 보석을 찾는다. 향기와 설렘으로 피어나는 꽃들의 환상적 그림. 원래 꽃님들 사랑은 생존의 본능 아니던가. '꿈'을 소재로 한 작품은 몽환적이다. '꿈꾸는 겁쟁이여 숨에서 숨결로 꿈을 담아 날아라.'라고 속삭인다. 가는 명주실 엮어 그 위에 색칠한 그림은 시각을 교란시킨다. 정면에서 보면 모나리자 상이 나타나고, 좌우에선 호랑이와 오드리 햅번이 보인다. 야자나무에 천도복숭아가 열리고, 나무의 엉덩이에서 숨은 그리움을 찾는다. 생 자작나무 가지 꺾어다 하얀 도화지에 덧대놓고 잔가지는 그림으로 완성하여, 자연과 인공의 경계를 소멸한다. 빛과 어둠의 실루엣, 사운드와 조명의 춤 물결. 작가들의 현실 이탈 욕구는 신세계를 꿈꾸며 비상하고 있다.

전시 공간이 비좁아 각 방마다 화장실까지 작품이 진열되었다. 오랜 시간의 흔적을 지닌 이집트 그림까지 겉핥기식 환상여행을 마칠 즈음, 소변이 급한 동료 하나가 변기에 앉으려는 찰나였다. 어찌 알았는지 급히 달려온 작가가 안 된다고 손사래 친다. 문득, 변기도 조각품이란 착각이 들며, 관람하고 있는 나 자신도 숨쉬는 작품이 아닐까 생각하게 된다.

천지창조의 주인께서는 흑암의 태초를 '빛'의 창조로 열고 '보기에 좋았더라.'고 하셨다. 식물, 동물 등을 창조한 마지막 날에 당신 형상대로 사람을 만드시고는 '보기에 심히 좋았더라'고 하셨다. 그렇다면 이 모든 창조물은 하나님 동산의 위대한 전시작품이 아니겠는가.

전시장을 나오면서 하느님의 '천지창조'와 그분의 창조물인 인간의 창작 욕구를 생각해 본다. 영적 존재인 사람은 끊임없이 상상 그 너머를 추구하고 있구나.

덕(德)의 향기

임익홍

어느 날 서가를 정리하다 편지 봉투 하나를 발견했다. 봉투 안에는 화선지 4분의 1 절지에 人香萬里(인향만리)라는 붓글씨가 씌어 있었다. 날짜를 표시하는 글도 없이 如中(여중)이라는 서명과 낙관만 있었고, 언제 어디서 누구한테서 받았는지 생각이 나지 않았다. 그것을 받은 것이 그리 오래된 것 같지 않은데 생각이 나지 않으니 벌써 치매기가 오는 것 아닌가 걱정이 되기도 했다.

'人香萬里'라는 글의 뜻도 쉽게 풀이가 되지 않았다. 천리향이란 꽃나무가 있다. 꽃의 향기가 멀리까지 퍼진다고 해서 붙여진 이름으로 알고 있다. 사람의 향기가 만리까지 멀리 간다는 것은 무슨 뜻일까? 글씨는 크지 않았지만 균형이 잡혀 있었고, 부드러우나 결코 유약하게 느껴지지 않았다. 글을 준 지인의 정의를 생각해서 보관하며, 누가 준 것이며 무슨 뜻인가를 알아보기로 했다.

언뜻 恩山(은산)이라는 아호를 쓰는 고등학교 동창 친구가 생각났다. 평생 교직생활을 했으며, 취미로 붓글씨를 쓴다는 말을 들은 적이 있다. 여중은 은산이 쓰는 또 다른 호일 수도 있다. 그와는 10여

년 가까이 산행을 하며 허물없이 지내는 터다. 내게 글을 줄 만한 친구는 은산뿐이라는 생각이 들어 만나면 물어보기로 했다.

은산은 본디 원불교 집안으로 교단 내에서 상당한 직책을 맡았었고, 지금도 영향력 있는 역할을 하고 있다. 나는 젊어서 천주교에 입교하여 50년 가까이 신앙생활을 하고 있어서, 그와는 종교적으로 뜻이 달라 부딪치는 일이 있을 것 같았으나 전혀 그렇지 않았다. 그는 사람들에게 흠 잡힐만한 일을 하지 않고 조신했다. 술은 물론 음식도 절제를 많이 한다. 반면에 나는 과음하는 때가 많고, 음식도 가리지 않아 그와는 비교가 된다. 그는 집에서 술을 잘 마시지 않기 때문에 좋은 술을 오래 보관하고 있었고, 그 술을 내게 권하기도 했다. 이번에도 둘레길을 걷고 헤어질 무렵 그의 집에 같이 가자고 해서 스스럼없이 따라갔다. 나는 술을 받아 마시면서 붓글씨 이야기를 꺼냈다.

그랬다. 은산은 여중이라는 호도 쓰고 있다고 하며, 人香萬里에 대해서는 蘭香百里(난향백리), 書香千里(서향천리), 人香萬里(인향만리)를 같이 읽어야 제 뜻을 알 수 있다며 다음과 같이 설명해 주었다.

좋은 난을 보기 위해서 백 리 길을 찾아가고, 잘 쓴 글을 보기 위해서는 천 리 길도 멀지 않다고 한다. 그러나 덕이 있는 사람을 만나기 위해서는 만 리 길도 찾아 나선다는 것이다. 즉, 붓글씨를 잘 쓰고, 좋은 글을 짓는 것도 좋지만 사람이 덕을 쌓는 것만은 못하다는 뜻이다. 사람에게는 인품이 무엇보다 중요하다. 그러나 내게 왜 그 글을 주었는가에 대해서는 아무 말도 하지 않았다. 다만, 넌지시 산행 모임에 나오지 않는 한 친구의 안부를 물었다.

은산이 안부를 물은 그 친구가 모임에 나오지 않는 것에 대해서는 나와 직접적으로 관계가 있다. 그 친구도 오랫동안 우리와 함께 산행을 해왔는데, 언제부터인가 모임 시간을 자주 어겼다. 거의 매번 10분 이상 20분 정도를 여러 사람이 그를 기다리게 했다. 그러던 중 그날은 20분을 기다렸는데도 오지 않더니, 우리보고 먼저 출발을 하라고 했다. 1시간 후 일행이 휴식을 하고 있을 때야 헐레벌떡 뒤좇아 왔다. 친구들은 뒤늦게 온 그 친구에게 수고했다는 말을 해주었지만 나는 그렇지를 못했다. 매번 다른 중요한 일이 있으면 그 일을 하고 아예 나오지 말라고 했다. 힐책을 받은 그 친구는 그 다음부터 산행 모임에 참석하지 않았다. 그것이 벌써 일 년이 훨씬 넘었다. 나는 그것을 잊고 지냈는데, 은산은 그렇지 못한 모양이었다.

그렇다. 내가 그 친구에게 한 말에는 틀린 데가 없었다. 그러나 틀린 데가 없다고 좋은 방법이었다고 할 수는 없었던 것 같다. 보다 온건한 말로 잘못을 지적해 주고 스스로 깨달아 고쳐 나가도록 하는 방법은 없었을까? 나는 그것까지는 생각하지 못했는데, 은산은 그것을 마음에 두고 있었던 것 같다.

나는 그 친구에게 모질었던 자신을 생각하며 은산이 써준 人香萬里의 뜻을 되새겨보게 되었다. 그것은 인품을 닦고, 덕을 쌓는 일이 글씨를 잘 쓰고, 글을 잘 짓는 것보다 더 중요하다는 것을 일깨워 주기 위한 은산의 편지였다. 그의 집을 나서려고 신발을 신고 올려다보니 강암의 대나무 그림이 눈에 들어왔다. 곧고 굳은 대나무가 오늘따라 부드럽게 보였다.

봄날 같은 이모

남복희

오늘은 이모가 오시는 날이다.

버스정류장이 있고 재래시장이 펼쳐진 우리 동네에 이름난 커피집이 들어선 다음 색다른 가게들이 생겨나기 시작했다. 통닭집 하던 곳에 파스타집이 들어오고 가을이면 절인 배추와 총각무를 산처럼 쌓아두던 채소집이 손뜨개 취미교실로 바뀌고 수입과자 파는 곳도 생겼다.

말이 적고 음악을 좋아하는 아들이 조리에 관심을 갖고 이태리 음식을 배웠다. 오랜 수련을 쌓고 책임자로 운영하기를 6년, 기회가 되어 작은 꿈의 궁전을 세웠다. 만화표지 같은 작은 간판에 연두와 주황으로 '밥 파스타(Bob pasta)'라고 적은 착한 가게다. 하얀 벽면에 깔끔한 요리사진이 있는 곳에 젊은이와 가족이 즐겨 찾는 곳이 되었다.

젊은 부부가 시작한 파스타 가게는 순항하듯 손님들이 늘어나고 있다. 밝게 웃는 여주인의 안내와 실력 있는 주방장의 멋진 음식이 손님들의 취향에 맞았다. 기본 파스타 및 피자 중 고르곤졸라 피자가 인기다. 친구끼리, 아빠와 함께 초등생 딸이 오고, 손녀와 할머니 그리고 외국인도 찾고, 예쁜 안경 쓴 시각장애인 부부도 방문한 적이 있다.

한쪽 벽에 보라색 코뿔소 그림이 있다. 초등생 손자의 솜씨다. 그림 보느라 어린친구들도 즐겨 찾는다. 어느 날 고흐의 '꽃핀 복숭아나무' 그림액자가 왔다. 넉넉하고 정이 많은 이모가 방문하시면서 가져온 퍼즐그림이다. 다채로운 색과 따뜻한 분홍빛이 퍼져있는 그림은 우연인지 내가 좋아하는 고흐의 그림이다. 초임 교사 시절 첫 월급으로 산 첫 번째 화집이 고흐전집이다. 알 수 없는 변화와 생동감 있는 색채가 마음에 들었다.

어릴 적 외갓집에서 외할아버지를 모시고 대가족이 살 때다. 세라복 입은 이모와 다섯 살 조카가 함께 찍은 사진은 지금보아도 정겹다. 이모친구 사진도 있다. 점숙, 숙자, 혜자 이모와 교회당 앞에서 찍은 사진에는 이모의 윤기나는 팥색 유똥 통치마가 기억에 새롭다. 외갓집 대청마루에 있는 오래된 의걸이장의 서랍에서 본 이모의 연애편지 중 'OH my heart'라고 적은 편지는 사춘기 조카인 나에게는 비밀문서처럼 신기했다.

이모의 멋진 결혼식 사진도 인기였다. 동그란 얼굴, 큰 눈이 귀엽고 외할머니의 젊을 적 모습을 닮았다고 했다. 하얀 웨딩드레스에 아스파라거스를 길게 늘어뜨린 신부와 신랑의 꼿꼿한 자세는 인상적이었다. 이모의 신혼집을 방문했을 때 손소희의 『남풍』을 읽고 있던 모습, 깔끔하게 정돈된 집은 배울 점이 많았다.

나의 결혼 준비도 고전적인 엄마보다 신식인 이모가 맡아주셨다. 70년대 유행 첨단인 이환브랜드의 예복, 실크 한복, 홈드레스, 신랑의 타이와 핸커치프까지 신경 썼던 이모의 정성은 지금 생각해도 놀랍다. 아이들이 자라고 학교에 근무하느라 자주 찾아뵙지 못했어도 이모는 든든한 정신적 후원자셨다.

모든 면에 활동적인 아이들 아빠가 이르게 우리 곁을 떠났다. 말을 잃고 있을 때 제일 먼저 달려오신 이모다. 찰밥을 해서 스텐 찬합에 가져오신 이모, 분홍빛이었다.

어느 날 찻집에서 들은 이야기다. 이모가 초등학교 4학년 때 전주사범을 나와 강진에서 초등학교 교사셨던 형부인 우리 아버지가 방학숙제로 도와준 그림숙제가 있었다고 한다. 넉넉한 밥그릇에 소복한 쌀밥이 담긴 그림은 학급에서 인기가 많아 학급게시판에 오래도록 전시되었다고 한다.

젊은 형부가 도와준 메시지 같은 그림이 이모의 모습이 되었을까. 외할아버지를 모신 외갓집의 큰 행사 주관은 이모 차지였다. 즐거운 일도 어려운 일에도 넉넉하고 당찬 예의바른 이모의 따뜻함이 번졌다. 어린 시절 대가족 외갓집에서의 따뜻함의 교류 같다.

재래시장이 있고 아파트단지가 가까운 우리 동네에서 젊은이와 가족들이 즐겨찾는 작은 파스타 집의 비밀은 이모가 가져오신 '꽃핀 복숭아나무' 그림의 후광인 것 같다. 환한 유리문을 밀고 이모가 들어오신다. 봄날 같은 얼굴이다.

아직 늦지 않았어

서주린

무더운 여름, 교재를 챙겨 들고 집을 나선다.

땡볕을 받으며 늦어지는 걸음을 재촉하여 강의실을 찾아 앉는다. 계속되는 불볕더위 속에 강의실마저 후덥지근하다. 중년 이상의 노년층이 다수인 수강생은 수업이 시작되자 하나같이 진지한 표정이다.

재직 중, 퇴근하여 문화센터에서 여러 분야의 공부를 시작한 것이 30년 가까이 되었지만, 배움에 매달린 만큼 깊은 수준으로 도달한 것이 없다. 가끔 이럴 바엔 편히 쉬며 살자는 생각도 더러 한다. 기억력의 한계를 느껴서다. 하기에 모든 정보를 컴퓨터에 저장하듯이 배운 것을 머릿속에 담아두고 필요할 때마다 적절히 꺼내 쓸 수 있다면 얼마나 좋을까 생각도 해본다.

40대 초반, 초등학교 재경 동기 모임에서 6학년 때의 은사님 두 분을 초대하기로 하였다. 6학년 때 담임선생은 작고하셨고 5학년 때 담임선생이 참석하셨다. 스승께서 제자들의 근황을 묻는 자리에서 "주린은 컴퓨터였지." 한 말씀이 상기된다. 은사의 말씀대로라면 나쁜 머리는 아니었지 싶다.

요즘 팔순 친구들이 하나같이 기억력 타령이다. “젊었을 땐 시시콜콜 기억도 잘했는데, 기억도 세월에 늙나 봐.” 한다. 나 역시 기억력 감퇴로 실수해서 난감했던 일이 적지 않다. 친구나 지인들의 애경사를 후일에 만나 인사할 때, 참석했었는지 가물가물해서 우물쭈물한 경우가 한두 번이 아니다.

어느 날, 내가 주선한 모임에서 식사 후 계산을 하려는데 지갑이 없다. 주머니와 가방 안을 몇 번씩 찾았지만 없어서 지인의 도움을 받은 후, 며칠 전 물건 구입처를 찾아서 확인하는 등 부산을 떨고는 서둘러 분실 신고를 했다. 귀가 후 서재에서 한숨 돌리고 있었다. 무심코 책상 서랍을 여는데 이게 웬일! 서랍 안에 지갑이 놓여있는 게 아닌가. 나이 탓인가, 한쪽으로 골몰하면 생각 전환이 쉽지 않고 순발력도 떨어진다. 조바심이 여유를 잃은 탓이다.

그러나 어느 땐, 이런 건망증이 나의 건강에 도움이 되는 경우도 있다. 사소한 일의 섭섭함이나 기분 언짢은 사람을 쉽게 잊고 가슴에 담아두지 않는다. 그래서 스트레스를 덜 받는다는 좋은 점도 있다. 영화 ‘이터널 선샤인(Eternal Sunshine)’에 나오는 “쉽게 잊는다는 것은 축복이다. 실수조차 이겨낼 수 있기 때문이다.”라는 대사를 음미해볼 만하다.

기억하고 잊는 일 다 필요하다. 다만, 중요한 일과 행사 일정 등을 메모하는 습관을 지니려고 노력한다. 그리고 좋아하던 음주도 줄이고 시간을 내어 글공부를 더 깊이 있게 배우려 한다. 내 마음 그대로 잘 표현하고 공감하면서 같은 공간에서 같은 뜻으로 가는 동무들이 있어 좋다. 학교 정규수업과정 외의 배움이 수필과 시조로 문단 데뷔의 길을 열었다면, 이제 글쓰기를 여기(餘技)가 아닌 본업(本業)처럼 해야겠다. 대 문호의 반열에 오르지 못할지라도 독자에게 공감할 몇 편의 글은 써야 하지 않겠는가.

오늘 수업을 마치고 목덜미에 흐르는 땀을 연신 손수건으로 닦아가며 귀가하는 길이다. 늦장 부리는 발걸음을 열심히 옮기면서 동무들이 낭독한 글귀들을 입속으로 새긴다. 그러면서 마음속으로 다짐한다.

"이제 시작이야, 아직 팔순인데. 가끔 깜박하더라도 아직 늦지 않았어."

외등이 켜진 골목

이 춘

좁은 골목, 작은 다세대 주택 외벽에 꼬마 백열등이 희미한 황등빛으로 골목을 비추고 있다. 가끔은 낮인데도 켜져 있다. 켜고 끄는 일을 한 사람이 맡아 하는 걸까? 아니면 여러 사람이 교대로 할까? 못돼도 열 사람 이상이 살고 있고, 그중 누구라도 볼 텐데, 열 사람 모두가 무관심한 탓일까? 밤에는 골목을 밝혀, 켜져 있을 이유가 충분하지만, 낮에 그대로 켜져 있는 건 밝기를 거의 느끼지 못할 정도로, 그리고 절전의 효율을 따지지 않을 정도로 낮은 조도 때문일 수도 있겠다.

나의 이런 짐작은 나를 위한 생각일 뿐, 그들을 게으르다 할 수도 있겠지만, 나는 고요히 사는 사람들의 무표정을 연상해 본다. 가끔 사람들이 지나다니는 평화롭고 고요한 외진 골목이다. 열 사람의 게으름이라 치더라도 서로를 양해하는 마찰 없는 그런 무표정이 나는 좋다. 조그만 일에 야단스런 몸짓이나 과열된 목소리는, 피아 중 어느 한 쪽의 몰이해나 일방적 주장 때문에 생기는 수가 많다.

골목은 늘 단정하다. 그러나 누군가 매일 깔끔하게 손질하는 것 같지는 않다. 어쩌면 게으를지도 모르는 열 사람 이상쯤 될 것 같은 사람들의 담담한 일상이 지나다니는 작은 골목이다. 나는 즐겨 다니지만, 고양이도 다니고 주인의 손에 끌려 강아지도 지나다닌다. 이것들로 인해 골목이 어질러질 수도 있을 것이다. 주위 다른 골목들에선 분별없는 강아지 또는 그런 무분별을 방조하는 강아지 주인들로 인해 강아지 배설물이 골목 산책을 좋아하는 내 눈에 종종 목격되지만, 이 골목에선 그런 결과물을 본 적이 없다. 이 골목이 그렇게 예외일 수 있는 건 그런 결과물이 내 눈 앞에서 가시적 현상이 되기 전에, 아마도 열 사람 중 누군가에 의해 조용히 재빨리 치워진 때문이리라. 이런 사람들이 절전의 효용을 몰라서 불필요한 시간에 외등이 켜진 것을 방치하지는 않을 것이다. 그들의 마음에 깃들어 있는 커다란 여유와 포용을 짐작케 한다.

골목의 끝은 이 건물의 끝이기도 해서 약간 넓은 다른 골목의 허리에 이어진다. 좁지만 차들도 가끔 다닌다. 이 차로와 건물의 경계에는 작은 화단도 있다. 도로변 화단이라 해도 좋겠지만 그리 크지는 않다. 수수꽃다리로 불리기도 하는 라일락과 뽕나무가 있고, 이들 주위엔 흔한 제비꽃 무리와 어울려, 순전히 야생 잡초인 까마중도 여러 포기, 손톱 크기의 잔꽃들이 먼 별빛처럼 하얗다. 거의 방치된 듯 보이지만, 그렇지가 않다. 꽉 들어찬 잡초들 사이에 누군가 동그란 터를 닦고 심은 백합 몇 송이가 며칠 새 꽃을 피우고 있다. 백합은 여러 종류가 있고 산야에 난다지만 아주 귀하고, 동네 꽃집에선 구근(球根) 하나에 삼천 원 한다.

저 백합은 누가 사다 심었을까? 나는 연초 추울 때 베란다에 아주까리를 심어 얼마 전에 거둔 씨로 지금 이모작의 싹을 기다리고 있지만,

길가에 백합을 심을 생각은 못해봤다. 내친 김에 말이지만, 소리 없이 눈은 내려 적막이 자욱한 날, 긴 대궁이에서 드물게 건들거리는 넓은 아주까리 잎사귀는 아주 별난 정취를 느끼게 한다. 이효석의 메밀밭을 지나온 왼손잡이 황노인이 아주까리 등잔 밑에서 자기의 분신임을 확인하는 다른 젊은 왼손잡이에 얽힌 전말을 더듬어보게 하고, 또 창가 울타리 아주까리 잎사귀에 밤새도록 후둑이는 먼 남쪽 망개떡집 주인의 고독한 빗소리를 듣게도 한다. 저 백합은 누가 심었고, 무슨 정취를 떠올릴까? 단정컨대, 열 사람 중 누군가가 심었을 테지만, 내밀한 그 추억은 알길 없고, 꽃을 보는 그네의 심미안도 그만의 것이어서 더욱 알지 못할 일이다. 소용없는 짐작이 아니라, 시공간을 초월하는 온갖 상상의 나래를 펴게 해준다.

나는 이 길을 계속 걸을 것이다. 지금처럼 다소 멀리 둘러가는 경우가 될지라도, 이 길로 나다닐 것이다. 온 누리가 깜깜해진 늦은 시간 먼 데서도 보이는 켜져 있는 저 외등은 어떤 생각의 꼬투리가 되어주기도 하여, 비록 미물 같은 존재라도 존재 인식의 출발을 도우고 새로운 인식의 가지를 뻗게 한다. 그로서 번져가는 사유는 폭이 넓어지고 깊이가 더해진다. 지금은 푸른 잎사귀가 무성한 라일락 가지 끝에 어느새 회남색 꽃눈이 보인다. 그 옆에 있는 까마중 씨를 받아, 나의 취미이자 장기일 수도 있는 잡초 실내 재배를 실천하여, 새하얀 별꽃 끝에 맺는 그 까만 열매의 밤중보다 깊은 깜깜한 속을 나만의 시각으로 더듬어 가볼 생각이다.

*본명: 정영기

키스 상 앞에서

양금애

나는 지금 미국 샌디에이고에 있는 수병과 간호사의 키스 상 앞에 와 있다. 이곳에 데리고 온걸 보면 딸과 사위는 내가 전쟁박물관 같은 데를 좋아할 거로 생각했던 것 같다. 쾌청한 날씨까지 더해진 아침 들뜬 마음으로 남편과 함께 따라나섰다. 그런데 정작 와보니 생각했던 것보다 몇 배나 더 큰 배가 우리를 떡 내려다보고 있어서 감상도 하기 전에 압도당하는 느낌이 들었다. 두근거리는 가슴과 흥분을 눌러가며 긴 입장객 줄을 따라 들어가 보니 역시 대단했다. 전쟁 당시에 사용했던 항공모함으로 만들었다는 설명도 있었다. 죽음의 공포 속에서 전쟁을 치렀을 수많은 젊은이를 생각하니 할 말을 잃고 고개가 숙어졌다.

이 배는 길이 292m, 최대 선 폭은 725m로 4000명 이상 사람을 태울 수 있다고 했다. 이는 아파트 25층 높이라는데 갑판 위에는 수십 개의 전투기, 수송기, 헬기까지 있어서 구경하는 내내 감탄을 멈출 수가 없었다.

항공모함 속에서 기나긴 전쟁을 겪어낸 그들의 마음은 어땠을까?

총소리는 여전히 귀속을 송곳처럼 후벼대고 하늘에는 대낮인 양 불빛이 번쩍이는 전쟁터에서 일본의 항복으로 종전을 알리는 방송을 들었을 때의 기쁨, 감격, 환희의 함성은 얼마나 컸을까. 믿고 싶지만 믿을 수 없어 멍하니 갑판 위로 올라와 눈물만 흘리지는 않았을까? 생각에 젖어 있는 나에게 딸은 더 괜찮은 볼거리가 있다며 소매를 잡아끌었다.

박물관 뒤로 유명한 키스 상이 있다는 딸의 말에도 무슨 키스 상이 있나 하는 마음으로 따라갔다. 거기에도 역시 어마어마한 규모의 동상이 있었다. 한눈에 보기에도 무언가 이야기가 있을 것 같은 동상이었다. 종전을 알리는 방송이 울려 퍼지자 축하하기 위해 밖으로 나온 수병과 간호사가 주체 못 할 감격에 부둥켜안고 기쁨을 나누는 장면이라 했다. 듣고 보니 나도 그날의 간호사가 된 듯 온몸이 짜릿하며 기쁨의 환호성까지 들리는 듯했다. 그 감격을 조금이나마 느끼고 표현하고 싶었다. 옆에 있는 무뚝뚝하기 짝이 없는 남편이라도 껴안고 갈비뼈가 으스러지도록 포옹하리라 생각했다. 하지만 남편은 전투기 외엔 흥미가 없어졌는지 벌써 저만큼 가고 있었다. 또 실패다. 이대로 그냥 가는 건가. 남편 따라 떨어지지 않는 발걸음을 옮기면서도 자꾸 뒤돌아보게 되는 것까진 어쩔 수가 없었다. 집으로 돌아오는 내내 온몸을 감싸고 도는 감동에 흐뭇했다.

나도 해방둥이다.

남도 끝자락 지도에도 잘 보이지 않는 작은 섬 오마도에서 태어났다. 부끄럽지만 고백하건대 정확한 출생연도도 성인이 된 후 뒤늦게 알게 되었다. 1945년에 태어났다는 걸 알았을 때 좀 허무한 느낌까지 들었다. 하지만 일제 시절 하루하루 고픈 배를 채워야 했던 부모님에겐 출생 신고쯤 1년 후에 한다는 건 별문제도 아니었으리라. 그때부터 지금까지 내가 태어난 연도는 누구에게도 나에게도 그렇게 중요한 일이 아니었다.

나는 부모님 밑에서 집안일을 돕다가 결혼 적령기가 되어 결혼했다. 그 당시 여자들이 살았던 삶처럼 나도 양금애가 아닌 누구의 처, 애들 엄마로만 50여 년 넘게 살아왔다. 여자로서 그게 당연하다고 생각했고 억울하지도 않았다. 그런데 내가 태어난 해에 저렇게 많은 감격과 기쁨이 우리나라뿐 아니라 이 먼 나라까지 들끓게 했다고 하니 그 감격의 기쁨 속에 태어난 나도 의미 있는 사람이지 싶었다. 아니 오히려 대단하지 않으냐고 소리치고 싶었다. 비록 제일 가까운 남편조차 나의 감격을 전혀 이해하지 못했지만 난 내 마음 깊이 보물을 숨겨놓듯 뿌듯하고 오달졌다. 앞으로 내 삶에 천군만마를 얻은 듯했다. 세상을 향해 내가 태어난 해는 전쟁이 끝난 축복받은 해라고 소리치고 싶었다.

난 이제 의미 있는 양금애다. 내가 1946년이 아닌 1945년에 태어난 건 우연이 아니다. 그렇게 믿고 싶다. 소중하지 않은 생명이 있을까. 내가 살아왔던 삶이 소중하고 살아야 할 날들도 역시 그럴 것이다.

나는 해방둥이다.

파도 타는 사람들

손수자

하늘이 유난히 맑고 투명하다. 바다가 하늘을 그대로 닮았다. 쪽빛 맑은 바다에 흰 파도가 아름다운 풍경을 자아낸다. 바위에 부서지는 새하얀 물보라가 마음을 흔든다. 이런 날에는 7번 국도를 마다하고 해안도로를 지나다닌다. 갈매기가 유난히 많은 영진리 해변, 작은 고깃배가 옹기종기 모여있는 남애항이 정겹고 서핑하는 모습을 지척에서 볼 수 있는 인구 해변도 있다. 다양한 풍경과 삶을 만나는 일은 또 다른 소득이다.

인구 앞바다에 이르니 파도를 타는 사람이 많다. 언제부터인가 양양의 인구 해변은 서핑의 명소가 되었다. 서핑은 우리나라에서 파도타기라 불리는 운동 종목으로, 보드를 이용하여 수면 위를 내달리며 각종 묘기를 부리는 해양 스포츠다.

차에서 내려 백사장을 천천히 걸었다. 초가을 짭짜름한 바닷바람이 상쾌하다. 마침 서핑용 보드를 든 젊은 부부와 초등학교 저학년쯤으로 보이는 여자아이가 즐겁게 이야기하며 내 옆을 지나간다. 내가 말을 걸었다. “이 가을에 바닷물이 차지 않느냐?” “어린아이도 보드를 탈 수 있느냐?”라고. 그들은 서핑 슈트를 입으면 겨울에도 파도타기를 할 수 있다고 한다. 어린아이에게도 참 좋은 운동이라고 한다. 그 많은 운동 중에 하필 위험한 파도타기를 택했느냐고 묻자 파도를 타지 않은 사람은 서핑의 맛과 멋을 알 수 없다면서 가볍게 인사를 하고 바다로 들어갔다.

그들이 파도 타는 모습을 한동안 바라보았다. 아버지가 아이를 보드에 태워 밀어주고 두 손으로 물을 헤쳐가게 한다. 아이 혼자서 보드에 오르내리도록 돕기도 한다. 아이가 파도를 탈 수 있을 때까지 포기하지 않기를 바라면서 손자 생각을 했다. 아이와 엄마는 얕은 물가에서 계속 보드 타는 연습을 하고 아버지는 파도를 탄다. 보드에 배를 깔고 유유히 헤엄치다가 큰 물결이 일면 잽싸게 보드에서 일어나 파도를 타고 내닫는다. 파도가 솟구쳤다가 내리꽂으며 하얗게 부서질 즈음에는 몸을 절묘하게 날려서 바닷물에 휩쓸리지 않는다. 보기에 아찔하다. 저렇게 되기까지 얼마나 많은 역경이 있었을까. 파도에 휘감기어 물속에서 허우적거리고 원하지 않은 짠 바닷물도 여러 번 들이켰을 것이다. 그 과정을 헤쳐나왔기에 저렇게 멋진 모습을 보여주는 게 아닌가.

파도를 익숙하게 타는 젊은 여자도 있다. 서핑한 지 얼마나 되었는지 모르지만, 보드 위에서 자유자재로 파도를 가른다. 그 모습이 아름다워 시선을 뗄 수 없다. 진정한 아름다움은 저러한 건강미가 아닐까. 그녀는 아마 험한 세파가 밀려와도 울며 허우적거리거나 쓰러지지 않을 것 같다. 저토록 헤쳐나가며 멋진 인생을 살지 않을까.

지난여름, 동호리 해수욕장에서 물놀이 하던 여섯 살배기 손자가 눈에 선하다. 고사리 같은 손등에 모래를 수북이 쌓아 올리고 다른 손바닥으로 토닥토닥 두드렸다. "두껍아, 두껍아, 새집 줄게 헌 집 다오."라며 두꺼비집을 짓던 모습, 제 어미의 손을 잡고 파도와 쫓고 쫓기며 즐거워하던 모습, 제 아비가 번쩍 들어 안고 깊은 물에 들어가자 겁먹던 표정 등이다. 물 밖에서 "진오야, 괜찮아, 괜찮아!"를 외치는 제 어미의 목소리에 힘을 얻고 아비와 함께 출렁이는 파도를 둥실둥실 타고 놀았다. 아들이 손자를 머리 위로 높이 올렸다가 물에 풍덩 넣어도 겁내지 않고 즐겼다. 자신감이 생긴 것 같았다. 나는 '그래, 그렇게 익혀가는 거야.'라고 중얼거리며 대견스럽게 바라보았다.

내 손주들이 세상의 파도를 헤쳐나갈 일을 생각하면 마음이 짠하다. 앞으로 끊임없이 다가올 크고 작은 파도를 잘 감당할 수 있을지…. 성년이 되어 세상의 파도를 스스로 헤쳐나가도록 어려서부터 자립심을 키우면 좋겠다. 엄마와 파도타기 연습하는 저 어린 소녀처럼. 손주들이 나름대로 열심히 살고 있음에도 안쓰러운 것은 괜한 할미의 노파심일지도 모른다.

흔히들 인생을 파도타기에 비유한다. 인생은 파도타기 선수가 되는 것이라고 했다. 류시화 시인이 "삶의 지혜는 파도를 멈추는 것이 아니라 파도타기를 배우는 것이다. 우리는 파도를 멈추게 할 수 없다. 관계의 절정은 함께 힘을 합해 파도를 헤쳐나가는 일이다."라고 쓴 글을 읽었다. 앞날이 창창한 젊은이와 우리 손주들에게 전해주고 싶은 내용이었다. 밀려오는 거대한 파도를 혼자의 힘으로 어찌 막을 수 있겠는가. 함께 손잡고 세상의 파도를 헤쳐나가노라면 모두 파도타기 선수가 되지 않을까.

내 삶을 뒤돌아본다. 지나간 날에는 풍파를 겪는다고 여겨졌던 삶이 이제 와 보니 출렁이는 물결이었을 뿐이다. 내가 헤엄은 칠 줄 모르지만 파도타기는 곧잘 한 모양이다.

3.

어느 날 문득

어느 날 문득

안태희

찬바람이 수수수수 떨어지는 날 다락방 서재로 올라갔다.

해가 바뀔 때마다 주변 정리를 해야 한다는 생각은 늘 게으름에게 지고 만다. 죽은 부모의 사진을 태우며 눈물이 나는 건 자신의 처지가 서글퍼서 운다는 말은 아직도 유효하다.

입춘이 지났는데도 봄이 올 기미는 없고 겨울바람은 떠나기 아쉬워 입춘의 주위를 맴돌고 있다. 매서운 바람이 눈을 흘긴다. 갈퀴를 휘날리며 기왓장을 날리던 매서운 바람에 봄바람이 산들산들 꼬리를 치며 따뜻한 입김을 불어 달랜다. 야윈 생각에서 봄싹이 돋아난다.

잠자리 정리하듯 주위의 것들을 정리해야 하는데 어디서부터 손을 댈지 생각은 저 봄꽃을 따라 나들이를 떠나고 없다. 수많은 시간을 구름 떠돌 듯 살다 마련한 둥지엔 나와 함께 살아왔던 것들이 모여 앉아 말똥말똥 나를 바라본다.

마음길, 눈길, 손길, 몸길, 정길들이 옹기종기 모여앉아 턱을 괴고 나를 바라본다.

앨범에 갇혀 외출도 잊고 꽂혀있는 사진들.

그 사진들은 모두 지금보다 젊은 모습으로 우렁우렁 자라고 있었다. 훌쩍 떠나고 나면 무용지물이 될 한 순간순간 정을 지켰던 소중한 추억들이 고여 있는 앨범은 시종일관 내 곁을 떠나지 않고 끙끙 따라다니며 얼음처럼 빛나던 내 벗들이다.

갈래머리 소녀 하나가 멀뚱멀뚱 나를 쳐다보며 묻는다. 나 여기 있다고 해맑은 웃음을 거짓말처럼 환하게 웃는다. 커다란 눈망울로 금방이라도 눈물을 뚝뚝 흘릴 것처럼 나를 보고 있다. 나는 소녀에게 입맞춤을 해줬다. 소녀는 더 방긋 웃고 안심한다. 밖에는 빗소리가 으스러지도록 내 마음을 껴안는다.

초등학교 2학년 때다. 푸름을 꽃피운 아버지. 배경은 나무 밑 풀밭이다. 처음 찍는 사진 한껏 멋을 냈다. 마룻바닥 풀밭에 엎드려 주인을 쳐다보는 강아지의 얼굴. 아버지의 얼굴과 렌즈를 번갈아 쳐다보는 시간이 어색하고 길었던 단발머리 찰랑대던 어린 모습. 모두 풋풋하고 떫은맛이지만 싱그럽다.

갈래머리 유학 시절 부풀어 올랐던 꿈. 졸업사진에 수두룩한 제자들 그리고 직장생활의 이모저모로 내 삶의 값진 보석들이다. 그동안 스치고 지나간 인연들은 모두 나였다.

돌탑처럼 하얗게 쌓여있다. 순간이 영원할 줄 알고 제일 멋지고 예쁜 표정을 남기려고 애썼던 지난날, 이젠 김치, 치즈도 옛말이 되어 뮤직비디오 시대가 왔다.

잠시 눈길을 유리창에 앉혔다.

쉬고 있던 눈 뭉치들이 바람을 굴리며 길 위를 달음박질 쳐 사라진다. 나도 저렇게 휩쓸려가고 있는 거야! 얽히고설킨 추억을 쓰다듬는다.

어깨를 대고 함께했던 사람들 흔적이 다 떨어져 나갔다. 매정하게 쏙닥쏙닥 동강 내어 정을 끊고 사라졌다. 한순간의 퍼즐놀이 듯 파편 조각이 가위 날에서 요동치며 잘려나간다. 시간을 거쳐 온 내 얼굴 한 장 모자이크로 탄생시켰다. 책을 낼 때 한 페이지 차지하면 되겠지!

간직하고 있던 피리 부는 목동 그림을 꺼냈다. 피난 시절 잎사귀 달에 산나물 뜯으며 불어주셨던 어머니의 버들피리가 삘리리삘리리 방문을 열고 들어온다. 모자, 머리, 얼굴, 피리, 겉저고리, 바지, 색깔, 그림 모양에 맞게 오려낸 얼굴 크기다

봄이 오면 앞 개울가로 나가 버들가지로 봄을 불면, 미시령 골짜기에 호드기를 타고 오는 어머니의 봄은 또 지나가겠지. 또 다른 추억을 나에게 남기며 사라지겠지. 흘러 가는대로 맡겨 두자.

내 가슴에 시모종이 자라는지 온몸이 자꾸 가렵다.

백조의 호수

- 키로프발레단의 공연을 보다

조한금

귀촌하기 전까지는 결혼기념일을 전후해 해외여행을 떠나곤 했었다. 은혼 때부터 시작된 구혼여행은 부부가 각자 자기 일터에서 열심히 일하고 얻은 하기휴가이기도 했다. 결혼 35주년 땐 9박 10일의 북유럽 여행을 선택했는데, 첫날 러시아 투어를 시작으로 스톡홀름, 오슬로, 코펜하겐, 헬싱키를 돌아 다시 러시아에서 마무리하는 일정이었다. 돌이켜보면 그때가 나의 전성기로서 세계사 공부를 체험으로 읽어 안목과 견문을 넓히는 독서법이기도 했다.

상트페테르부르크행 비행기를 타기 위해 공항으로 이동 중이다. 모스크바강을 끼고 발달한 모스크바 도심을 지난다. 이른 아침인데도 사위는 새벽처럼 어둡다. 도로 옆 자작나무 숲의 진초록 잎들이 비에 젖은 아스팔트와 함께 발하는 색채 때문이었다. 사물의 때를 깨끗이 씻어주고 들뜬 것 갈앉히며 목마름을 해갈시키는 비, 언제부턴가 그 비는 내게 서정으로 다가왔다. 비 오는 날이면 내 안에서도 비가 내려 우수에 촉촉이 젖는다.

상트페테르부르크에 도착해 여름궁전을 찾아들었다.

300만 평이라는 드넓은 정원이 팔을 벌려 반긴다. 삼손이 사자의 아가리를 찢는 도금상 앞에 서 본다. 러시아가 스웨덴과의 전승을 기려 세운 것이라는데 삼손은 러시아를 사자는 스웨덴을 의미한단다. 정원 한 편을 지나자 갯내음이 물씬 풍겼다. 내륙의 정원에서 갯내음이 의아해 둘러보니 발트해의 운하가 여름궁전의 정원과 잇대 있었다. 배가 언제든지 발트해로 출항할 수 있도록 해로가 연결되어 꽤나 낭만적이었다. 여름궁전은 황제들의 여름 별장으로서 300만 평이나 되는 드넓은 대지의 자연을 다채롭고 호화롭게 치장해놓았다. 한정된 시간이라 주마간산으로 구경하고 11시에 뿜어 올린다는 멋진 분수조차도 보지 못하고 돌아서려니 매우 아쉬웠다.

카잔 성당 내부를 잠시 둘러보고 넵스키 대로를 걸었다. 그리스 정교회인 이사크 성당은 이런저런 사연으로 4차례나 성당을 옮겨지었다고 하는데, 지금은 한쪽을 박물관으로 쓰고 있었다. 세계에서 제일 큰 호수 3개가 있는 러시아는 아름다운 물의 도시다. 바이칼호, 라도가호, 네바강 등 그중에서도 네바강은 일명 금은 강으로, 금빛과 은빛 검정 초록 파랑 등의 색채로 잘 바뀐다고 하여 '여자의 강'이라고도 한다나.

내가 러시아에 오기를 그렇게 희망했던 것은 키로프발레단의 공연을 현장에서 보고자 함이었다. 네바강 상류에 자리 잡은 호텔에 여장을 풀어놓고, 저녁 식사를 일찍 마친 여행객 몇이 택시를 타고 알렉산드르 극장으로 갔다. 러시아의 작곡가 차이콥스키의 '백조의 호수' 전곡을 키로프발레단의 발레로 보기 위해서였다. 악장마다 스토리가 있는 공연을 발레로 보는 내내 소원을 푼 행복함으로 최고의 힐링이 되었다. 어깨선이 아름다운 발레리나들 모두가 우아한 백조의 모습으로 춤을 췄는데, 그중에서도 마법에 걸린 오데트 공주와 지그프리트 왕자가 추는 발레가 주인공으로서 단연 압권이었다.

다음 날, 아침 일찍 잠에서 깬 나는 호텔 객실의 창문을 열고 밖을 내다보았다. 그때 네바강의 다리가 들어 올려지면서 큰 배가 그 밑을 유유히 통과하는 모습이 눈에 들어왔다. 생각지도 않은 색다른 풍광 하나를 덤으로 챙긴다.

160년의 유서 깊은 스몰린 성당을 찾아 외부만 둘러보았다. 이 성당은 완공 후 한 번도 미사를 드리지 못한 저주받은 성당으로 더 유명한데 당시 신축을 맡았던 사제가 빚에 쪼들리다 못해 목매달아 죽었다는 것. 지금은 유명해진 스몰린 합창단의 공연장으로 쓰고 있다니 어쨌건 성당으로서 축성 받지 못한 사연이 너무 가슴 아프다.

북유럽을 돌고 와 다시 러시아 여행이 시작되었다. 상트페테르부르크에 있는 로마노프 왕가의 예르미타주 겨울궁전에 들었다. 1,200개의 방이 있다는 궁전 입구 쪽의 창의궁에는 공작석 원통기둥 위에 로마노프의 왕관이 놓여있다. 예카테리나 대여제 때, 신분 상승을 꿈꾼 한 부호가 영국으로 건너가 황금 공작을 만들어 여제께 바치면서 그녀의 정부가 되었다는 설의 그 황금 공작도 전시되어 있다.

겨울궁전에는 총 300만 점의 작품들이 소장되어 있다는데 그중에서도 특히 음악의 방, 가구의 방(자작나무 뿌리 탁자가 일품), 공주의 방이 아름답고 특색 있게 꾸며져 있다. 양탄자의 방에는 금화를 깔고 그 면적만큼만 짰다는 카펫이 전시되어 있는데, 일생에 단 한 개만 짠 카펫으로 더 유명하다는 일화를 전해준다. 예카테리나 대여제의 방은 상아를 조각하여 섬세하게 치장했으며, 노란색 공작석으로 기둥을 세운 식당은 호화롭기 그지없다. 체리 빛깔의 비단 방은 접견실로서 금과 카메오 원석을 모자이크해 꾸몄는데 기품 있고 고급스러워 차 대접을 받는 사람들의 기분이 우아해졌을 것 같았다. 궁전 안에 있는 모든 그림은 1995년 5월에야 지하창고에서 꺼내 일반인에게 공개했다는데, 그중에서도 피카소의 그림 50여 점은 지금도 특별히 이중으로 포장하여 소장하고 있다고 한다.

화가들의 방에 들어섰다. 마티스의 방에는 '댄스와 음악'이 걸려있다. 일일이 다 열거할 수 없는 작품들, 고갱의 방에는 '과일을 든 여인'이 고흐의 방엔 '밤의 하얀 집'이 세잔의 방에는 '녹색 옷의 여인'이 모네는 '정원 속의 우산을 든 여인'을 걸었다. 특히 색채의 마술사라 불리는 르누아르 방엔 '부채를 든 여인' '여배우' '채찍을 든 소년' 등이 걸려있다. 트라이온의 '새벽으로 가는 길'에는 여명 빛을 통과한 투명한 양의 귀가 내 눈길을 사로잡는다. 렘브란트는 성서에 기인해 '돌아온 탕아'를, 그리고 라파엘의 성화와 조각 작품 중에서 '카인과 아벨'은 형이 아우를 죽였다기보다 선과 악의 상징이었다는 해석이다.

180여 명의 장군을 접견했다는 장군의 방도 둘러본다. 1905년 러시아 혁명 때는 배가 고파 빵을 달라고 시위한 군중을 향해 무차별 발포, 그 자리서 2천여 명이나 죽이는 참살도 자행했었다니 끔찍한 얘기다.

예카테리나 대여제의 방은 기둥을 금으로 도금해 더없이 고급스럽다. 거기에 프랑스에서 제작해 들여왔다는 황금마차와 은으로 만든 생활 도구까지 전시해 왕가의 기품과 권위를 유감없이 보여주었다. 배포와 안목이 뛰어난 예카테리나 대여제, 그녀는 15세기의 그림 '예수 수난'을 비롯해 스페인풍의 대형그림 등 4천여 점을 수집해 소장하고 있었다니 어쨌건 나라에 고급유산을 물려준 공로야말로 러시아 국민한테 존경받아 마땅하다는 생각이 들었다.

블루 그린 엘로우 레드 블랙 등 다양한 말라카이 공작석으로 치장한 모든 방은 더없이 화려하고 사치스러웠다. 이 방 저 방 구경하는 내내 내 눈과 마음은 극치의 호사를 누렸는데 이런 지하자원이 하나도 없는 우리나라와 견주니 부러움과 함께 시샘으로 배가 아팠다. 5개국 세계사를 활자가 아닌 체험으로 읽은 9박 10일의 몸의 독서, 마지막 밤을 국빈들을 모신다는 칼라스타야 호텔에 들어 피곤을 뉘었다. 그리고 2007년 말 전원주택으로 구혼여행도 데리고 귀촌했다.

격세사랑의 한계

智　悟

격세사랑이란 용어는 없다. 단지 격세유전에서 유추했을 뿐이다.

격세유전이란 조상이 가지고 있던 성정・체질 등이 몇 대 뒤의 자손에게서 다시 나타나는 현상을 말한다. 조손(祖孫)간의 세대를 초월한 사랑이니까 격세사랑이라 표현해도 무리는 없을 것 같다. 누구에게나 어린아이가 태어나면 누구를 닮았는지가 초미의 관심사일 때가 있다. 나의 경험에 의하면 통상 좋은 점은 외가의 몫이요 나쁜 것은 친가의 몫으로 판정이 난다. 신의 조화인지 자라면서 얼굴모습이 양가를 왔다 갔다 하는 배려가 있으니 당장 서운해 할 것은 없다. 아마도 태고로부터 간직해 오는 가문의 발전을 희구하는 인간의 원초적 욕구에서 비롯되는 성싶다. 우리의 큰아이는 할아버지를 많이 닮았다. 이 사실을 할아버지는 흡족해 하시며 기뻐하셨다. 격세유전을 당신께서는 인간생명의 최대 연장선에서 비롯되는 기쁨으로 여겼던 것이리라.

여기서 나는 조손간의 사랑을 격세사랑으로 받아들이면서 조손간의 사랑을 외할아버지 외할머니 친할아버지 친할머니와의 사랑으로 압축하면서 조부모의 손자 · 손녀 사랑을 잠시 음미해 보고자 한다. 옛적 복합 대가족 사회에서는 장수하는 집안에서는 증조부모까지 함께 동거하는 경우도 흔히 있었다. 내가 이해하기로는 이런 경우 부모들은 윗대 어른들이 계시는 것을 꼭 좋아만 하지는 않았다. 농경사회의 일손 많은 가사에 지혜를 물려주고 도움을 주는 것은 고마운 일이나, 그중 한 가지 큰 이유는 어른들 때문에 아이들의 버릇이 나빠진다는 것이었다. 아이들이 나쁜 짓을 했을 때 이를 꾸짖는 경우 어른들의 너그러운 사랑 때문에 부모의 꾸중이 희석되며 영(令)이 서지 않아, 결과적으로 아이들을 바르게 키우는데 지장을 준다는 것이었다. 아이의 가정교육에 문제점이 따른다는 것이다.

지금도 부모와 조부모와의 세대 차이를 염려하는 젊은 부모들을 가끔 볼 수 있다. 그렇다면 조부모 이상의 격세사랑에는 한계와 유효기간이 있음직하다. 육아는 전적으로 부모의 책임이지 조부모 그 이상의 몫은 아니다. 가급적 육아기에는 간섭을 피하는 것이 좋겠다. 많은 일에 사사건건 관여해서는 역효과를 부를 수 있다. 특히, 부모가 아이를 바르게 지도하는 경우 즉석에서 반대의견을 제시하거나 반대 행위로 아이를 두둔하는 것은 금물이다. 아이들이 윗어른들의 힘을 빌려 기가 살아나서 잘못을 바르게 이해하는데 지장을 주기 때문이다. 지금의 조부모님들은 대체로 경제적으로 어려운 시기에 아들딸을 길렀기 때문에 풍족한 환경에서 자라는 손자, 손녀의 양육에 관심이 많은 것 같다. 과거의 궁핍한 생활에 대한 대리보상이나 대리만족의 심리가 작용하는 성싶다. 해서 우리의 격세사랑은 더 유별난지 모를 일이다. 그러나 격세사랑에는 적당한 거리와 범위를 유지하는 것이 바람직하다.

나는 지난 두 달 동안 미국에 살고 있는 막내아들집에 다녀왔다. 초등학교 1학년인 진아(鎭我: Jina)와 중학교 1학년인 진이(鎭理: Jinie) 두 손녀가 있다. 말은 하지 않았지만 할아버지 할머니가 옆에 있으니 정규 미국학교생활과 한글학교학습, 예체능계 특별활동 등으로 짜인 바쁜 일과 속에서 지칠 만도 하건만 기가 펄펄 살아 있었다. 가끔 하고 싶은 이야기도 있었지만 자기 부모들이 하는 대로 맡겨두고 일체 간섭을 하지 않았다. 너무 아이들이 열심히만 사는 것 같아 공부만 하지 말고, 쉬어가면서 체력관리도 할 것을 당부하였다. 인생이란 마라톤 경기와 닮았으며, 잠깐으로 끝나는 단기 활동이 아니기 때문에 삶의 일상에는 요즘 유행되는 사회적 풍조인 워라벨(work and life balance)이 필요함을 일러주었다. 말은 하지 않았지만 귀국하기 일주일 전부터 날갯죽지 부러진 장닭 마냥 기가 죽어 보기가 민망스러웠다. 헤어지는 것을 너무 안타까워했다. 미국에 와서 같이 살기를 원했다. 못내 아쉬워하는 것이 그만큼 아이들에게는 조부모가 옆에 있는 것이 큰 힘이 되나 보다. 딸을 키워보지 못한 우리 부부는 오히려 손녀들 사랑에 푹 빠져버렸다. 큰아이는 10년 넘게 미국 생활을 했고, 작은아이는 미국 태생이라 스킨십이며 몸가짐이나 행동이 완전히 서구적이다. 스스럼없이 몸으로 다가오는 아침저녁 잠자리 인사가 너무 귀엽고 따사로웠다. 해서 요즘은 여아선호가 강한가 보다. 너무 때늦은 깨우침이다.

용인에 사는 한 친구의 아들과 손자가 미국에서 방학 동안 할아버지를 찾아 한국으로 오랜만에 효도휴가를 왔단다. 산사(山寺)처럼 적막감에 취한 듯 졸고만 있던 집이 혼연히 깨어나 시끌벅적 사람 사는 훈기를 풍긴다. 한데 어린 손자가 '서울에 왔다더니 왜 여기는 경기도냐' 하는 불평을 했다는 것이다. 순간적으로 할아버지의 마음은 착잡했다. 일찍이 사랑하는 배우자와 사별하고 외기러기로 독거노인 되어 외롭고 쓸쓸하게 살아온 지 오래다. 오고 싶어 왔겠냐? 은퇴 후 자식들 유학이며, 혼사 등으로 진 누적된 빚을 갚고 홀가분하게 노후를 즐기려는 기분으로 살아보려고 했지. 그것을 알 리 없는 어린 손자 녀석이 속을 뒤집어 놓았다는 후문이 남의 일 같지 않다. 식단이며, 잠자리 할 것 없이 매사에 불만투성이 투정만을 부린다. 알뜰살뜰하게 챙겨주던 이미 놓여버린 시효 끝난 상실된 할머니 사랑에 대한 사무치는 그리움이요 '애증결핍증'이려니 한다. 해서 할아버지 할머니는 너무 일찍 돌아가셔도 안 된다. 나도 손녀들이 한국 오기 전에 빨리 '탈용인 대책'을 마련해야겠다. 이것도 격세사랑이려니 한다.

큰손녀는 나의 정년기념문집 『나의 삶 나의 인생』을 얼마나 뒤지며 읽었으면 370여 페이지의 책이 한 장, 한 장 낱장으로 파본 되어 너덜너덜하다. 어린 것의 이민초기의 외로움과 고국 그리움 극복의 자취와 눈물의 흔적이 완연하다. 책을 통한 격세사랑으로는 갈증을 풀 수 없어 그토록 할아버지 할머니의 방문을 오매불망 학수고대 하면서 채근하였구나. 너무 늦은 만남에 마냥 눈시울이 뜨거워진다. 더욱이 부족한 할아버지가 손녀의 삶에 역할모델(role model)이라니 앞으로의 언행이 한결 조심스럽기만 하다. '다음 방문 시 새 책으로 바꿔 주겠다.'면서 달래며 떠나오기는 하였으나 돌아오는 발걸음이 무겁기만 했다. 함께하는 동안 사랑을 충분히 전하지 못한 아쉬움은 수필선집 『그 시절 그 사랑』으로 남겨두며 떠나왔다. '사랑하는 손녀 진이와 진아야!' 할아버지가 책에 적어둔 것 보았지. 항상 '건강하게 즐거운 삶을 누리기 바란다.' 그리고 이 책은 지금부터 읽으려 하지 말고 고등학생이나 대학생이 되었을 때 읽어도 늦지 않다. 책의 내용을 이해하기에도 어려움이 있을 것 같고, 지금은 너희들의 생활이 너무 바쁘니까 하는 말이야. 격세사랑! 정말로 그 실행이 어려운 사랑 같다. 넘쳐도 안 되고 부족해도 안 될 것 같아 가늠하기 어렵구나. 있는 듯 없는 듯, 아니면 조금은 부족한 듯한 것이 격세사랑의 최적정의 선(線)인 성싶다. 해서 격세사랑의 무게는 생각하기에 따라 가볍고도 무거운 것 같다. 그저 쉽게 잴 수 없고 끝도 없는 '무량(無量)한 사랑'이라 해두기로 하자. 진이야! 진아야! 할아버지 할머니는 한결같이 너희들을 사랑한단다.

가슴 울린 아리랑

김형도

평창 동계올림픽에서 가슴 울린 장면을 하나 들라하면 단연 피겨 댄싱이다. 한국태생 여인과 미국인 남자가 한조가 되어 벌이는 아이스댄싱은 부드러운 곡선을 그리며 미끄러지는 장면 자체가 예술이었다. 또한 댄싱곡이 다름 아닌 아리랑이었다. 어떻게 아리랑이 스포츠의 율동곡이 될 수 있는지 그것도 얼음판 위에서… 정말 놀라왔다. 그래서인지 환상적인 두 남녀의 연기에 더욱 매료되었고, 더구나 배경으로 들려오는 곡 아리랑에 실로 가슴 뭉클해지는 전율을 느끼기도 했다.

어느 나라, 어느 민족이나 사람의 영혼을 사로잡는 노래가 있다. 언제부터 누가 불렀는지는 알 수 없지만, 아리랑 노래만 나오면 우리는 아리랑 민족이라고 불릴 만큼 지구촌 어느 곳에 둥지를 틀고 살아가든지 간에 가슴이 뭉클해진다. "아리랑 아리랑 아라리요. 아리랑 고개를 넘어간다. 나를 버리고 가시는 님은 십리(十里)도 못가서 발병난다." 많은 사람들이 연가(戀歌)로 알고 있는 아리랑은 단순한 연가가 아니라, 심오한 정신의 세계를 표현한 노래이다.

한국의 대표적인 민요 아리랑에는 묘한 일면이 있다. 그토록 널리 알려진 민요임에도 막상 아리랑이 어떤 노래냐고 물으면 설명할 길이 없다. 시도할수록 실체는 멀어지고 만다. 분명 민요이긴 한데 단순한 민요가 아니다. 그 이상의 무엇이 자욱한 안개처럼 드리워 있다. 오리무중(五里霧中) 같다. 어쩌면 오리무중의 정체를 밝혀보려는 의도 자체가 무모한 짓일지도 모른다. '도(道)를 도(道)라고 말하면 도(道)가 아니다'라고 어느 선현이 말하지 않았던가. 아리랑 역시 이와 같다. 확실히 아리랑은 민요이데 민요 이상의 감성적 문화적 색채들을 담고 있다. 그 복잡한 의미망과 아우라를 설명할 길이 없다. 가락도 악상도 천차만별이며, 가사도 시상(詩想)도 변화무쌍의 요지경(瑤池鏡)이기 때문이다.

그와 같은 한국 고유의 전통 음악 아리랑이 2012년 12월 5일, 파리에서 열린 제7차 무형유산 위원회의에서 세계에서 가장 아름다운 곡 1위에 선정됐다. 영국, 미국, 프랑스, 독일, 이탈리아 작곡가들로 이루어진 아름다운 곡 선정 대회에서 82%라는 압도적인 지지를 받았다. 선정인 중에는 단 한 명의 한국인도 없었다. '아리랑'은 음악을 사랑하는 세계인들에게 대한민국이라는 나라를 깨우쳐줬다 해도 과언이 아닌 듯싶다. 이들 모두 처음 듣는 곡이었으며, 한국 바이올리니스트 유진박이 전자바이올린으로 연주할 때 몇 번씩 말로 표현할 수 없는 감동을 받았다고 한다.

아리랑은 우리의 대표적인 구전민요로, 우리 민족의 정한(情恨)이 깃들어 있어 남녀노소를 막론하고 널리 애창되었다. 일제 강점기에는 겨레의 울분과 억눌린 민족의 한을 표출하는 저항의 노래였다.

아리랑을 멀리 외국에서 들으면 더욱 감동으로 다가오기에 우리 교민들은 잊지 못한다.

일본 규슈지방을 여행하면서 들은 아리랑 이야기는 가슴을 적신다. '카미카제'란 '카미(神:신)'와 '카제(風:바람)'의 합성어로 '신풍특공대'라 칭한다. 고려와 몽고의 연합함대가 일본에 두 번이나 원정했을 때, 우연찮게 태풍이 불어 여-몽 수군의 태반이 물귀신이 되었다. 그래서 '일본을 구해준 신의 바람'이라 하여 '신풍'이란 말이 생겼다. 태평양 전쟁 후반기에 미군이 필리핀을 점령하자, 일본은 자살특공대인 '신풍특공대'의 계획을 짠다. 일명 가미가제부대다. 이른바 비행기에 폭탄을 싣고 미군의 전함에 돌격하는 자살공격이다. 자원병 모집 땐 경쟁률이 엄청났다. 천황에 대한 충성심의 발로였다. 이들은 자살공격에 앞서 천황이 하사한 술을 한잔 마시고는 "어머니, 저는 꽃잎이 산화하듯 죽을 것이며, 그 죽음이 조국을 위해 아름답기를 바랄뿐입니다."라는 유서를 쓰고 비행기에 탑승했다고 한다.

발진하여 미군 전함으로 비행기를 돌격시킨다. 미군들은 자살특공대를 보고는 처음에는 엔진고장을 일으키거나 일본 비행기의 실수라 생각했다. 그러나 특공대의 정체를 알자 충격에 휩싸였다. 특공대의 공격으로 언제 격퇴 당할지도 모른다고 겁을 먹기도 했다. 오키나와 상륙전 때는 약 1,000여 대의 카미카제 특공대가 공격을 감행했다. 하지만 이들의 희생에 비해 성과는 미군에게 공포심을 준 걸 제외하면 미미한 것이었다. 목표는 미 군함의 지휘탑이었지만, 접근하기도 전에 대공 포탄에 격추당하고, 접근한다고 해도 갑판에 추락하는 것이 대부분이었다.

그 특공대에는 사상이 투철한 일본인만이 들어갈 수 있었는데, 어렵사리 조선인 탁소위가 선발되었다. 탁소위는 그곳 기지의 식당에서 기거하며 훈련을 받았다. 식당 여주인에게는 여고생인 딸이 하나 있었다. 집에 늦게 돌아오는 탁소위의 저녁 차림은 그 여고생의 몫이었다. 그들 남녀는 함께 지내다보니 사랑이 짙어져 갔다. 탁소위는 그 소녀에게 조선의 풍습이나, 그가 어릴 적 어머니에게서 배운 아리랑도 가르쳐주었다. 소녀의 어머니는 탁소위가 자기 딸과 인연이 맺도록 마음속으로 점지하고 있었다.

탁소위가 출격하기 전날 밤, 소녀의 어머니는 탁소위와 딸과 함께 저녁을 들면서 그에게 내일 출격을 하더라도 반드시 살아 돌아오라고 당부했다. 탁소위는 살아 돌아오지 못하면 나비가 되어서라도 꼭 돌아오겠다고 약속했다. 저녁 6시면 돌아오던 탁소위가 그날 7시가 지나도, 8시가 되어도 돌아오지 않았다. 애타게 기다리고 있는데 9시 훨씬 지나서 나비가 한 마리가 방안으로 들어왔다. 소녀는 나비를 반기며 기다리던 탁소위가 돌아왔다며 한없이 울었다. 어머니도 소녀를 안으며 비통함과 흐르는 눈물을 참을 수 없었다.

조선이 해방된 후, 두 모녀는 탁소위의 고향을 찾았으나 그의 어머니를 만날 수가 없었다. 안동 어느 양반가 출신인데 탁소위가 일본 특공대에 지원했다는 소식이 알려지자, 어머니는 그곳을 떠나 친정이 있는 경남 어느 시골에 가 있었다. 두 모녀는 사방으로 수소문하고, 묻고 물어서 탁소위 어머니를 뵈옵게 되었다. 두 모녀를 반갑게 맞이한 탁소위의 어머니는 아들을 확인할 수 있는 유품이라도 보여 달라고 했지만, 탁소위가 출격 전날 자기 물건을 모두 불에 태워

버렸으니 그를 증명할만한 게 없었다.

그때 소녀가 탁소위로부터 배운 아리랑을 몸짓까지 하며 구성지게 부르자, 어머니는 자기가 아들에게 가르쳐준 그 제스처와 가락이라며 깜작 놀랬다. 혹시 씨앗이라도 남기지 않았느냐면서 소녀의 몸매를 살핀다. 탁소위는 자기가 살아 돌아올 수 없다는 걸 이미 알고 있었기 때문에 소녀의 몸을 보존케 했다는 것이다. 어머니는 '어리석은 놈' 하며 홀로 사는 엄마의 마음을 이렇게도 모른다면서 소녀의 손을 꼭 잡고는 통곡하며 한없이 울었다. 아들을 알게 하는 유품이 한 점도 없었지만, '아리랑' 가락만이 탁소위를 증명해주었던 것이다.

이처럼 아리랑에는 우리의 삶이 녹아 있고 우리 민족의 혼이 들어 있다. 아리랑 가사를 곰곰이 새겨보면, 예사로운 내용이 아니구나 싶기도 하다. '아리랑 고개를 넘어간다'는 것은 곧 인생살이 자체가 아니던가. 시간을 따라서 계속 가다보면 걷기 편한 평지도 있고, 힘든 고개도 만나는 것이 인생길이다. 평지는 쉽지만 고개는 힘들다. 힘들어도 피해갈 수 없는 게 인생행로다. 결국 누구나 맞닥뜨리게 되는 아리랑 고개를 넘어야 한다. 그게 삶이다.

평창 동계올림픽에서 한국으로 귀화한 두 젊은 남녀의 아이스댄싱은 환상적인데다가 배경곡으로 아리랑이 울려 퍼지자 모든 관객들은 가슴 뭉클해졌다. 심지어 외국인들까지도 그랬다. 댄싱의 두 남녀도 아리랑에 매료되어 눈물까지 흘렀다. 아마도 TV를 지켜보던 우리 국민 모두가 같은 감정을 느끼지 않았을까? 과연 우리 가락 아리랑이다. 필자도 가슴이 짠해지는 걸 느끼며 울컥하기도 했는데, 순간 규수지방에서 들은 탁소위의 아리랑 이야기가 떠올랐던 것이다. 정말 그 감정과 감동을 잊을 수 없는 '가슴 울린 아리랑'이었다.

또한 인간의 삶은 만남과 헤어짐의 연속이 아닐 수 없다. 싫어도 만나야 할 때가 있듯이 아쉬워도 헤어져야 하는 것이 삶의 속성이다. 이합집산의 삶에서 한결 애틋한 정이 석별의 정이다. 아무리 소중해도 때가 되면 작별을 해야 한다. 울고불고 붙잡는다고 될 일이 아니다. '나를 버리고 가시는 님'은 숙명처럼 놓아주어야 한다. 하지만 아리고 허전한 마음은 다스릴 길이 없다. 제발 십리쯤 가다가 발병이라도 나서 더는 못가거나, 되돌아 왔으면 좋겠다. 미련과 체념으로 아픔을 치유하고 염원과 소망으로 삶의 의지를 붙들어 두는 달관의 경지이다. 그러니 아리랑의 가사는 영락없이 만나고 헤어지는 인연의 고리로 짜인 인생살이의 압축된 잠언(箴言: 가르쳐서 훈계하는 말)이 아닐 수 없다.

승군과 의승의 위업

박덕희

조선불교 통사를 읽어보니 조선시대에 불교 탄압이 극심하여 승려들을 백정보다 못한 그 아래 급으로 만들어 놓았다. 또 백성들이 승려를 죽여도 말 못하게 했다. 나라와 백성을 위해 헌신하고 목숨을 바쳤지만 사람 대접도 받지 못하고 이름 한 자 남기지 못하고 사라진 스님들이 너무나 많다. 통탄스러운 일이다. 양반 유생들의 탐욕으로 인한 폐해와 관리의 직권남용으로 승려나 민초들을 박해한 악업 때문인지, 조선은 총 한 방 쏘지 못하고 이민족에게 나라를 빼앗겨, 오늘날까지 같은 민족이 분단되어 적대시하며 살고 있지 않은가.

고려시대에도 몽고나 일본 등지로부터 380여회 외침을 받았으나 나라를 빼앗긴 일은 없었다. 거기엔 승병들의 활약이 상당히 기여했다고 본다. 규모가 큰 전쟁 상황을 살펴보면 몽골은 40년간 고려를 6차례나 침입했다. 고려시대 정규군이 힘이 없어 할 때 김윤후라는 걸출한 스님이 나타났다. 정규군도 아니고 관리도 아닌 평범한 스님이 승군을 조직하고 백성을 규합하여 남다른 리더십으로, 1232년 몽골의 살리타이가 고려를 침입하여 서경 개경을 지나 경기 광주성을 함락하고 용인의 처인성에 이르자. 이에 승병을 적소에 배치하고 망루에서 대적하고 있던 김윤후 승장이 쏜 화살에, 살리타이가 맞아 죽으니 파죽지세로 승전하던 몽골군은 후퇴했다. 이에 승병이 나라와 백성을 구한 위업(偉業)을 남겼다.

그 후 몽골군 5차 침입 때 일이다. 몽골군이 서경과 개경을 거쳐 충주성에 이르렀을 때 마침 충주성을 승장 김윤후가 지키고 있었다. 충주성 전투는 무려 70여 일 계속되었다. 성 안엔 식량과 생활물자가 부족해 사기가 떨어져 극한 상황일 때 김윤후 승장은 특단의 조치를 내렸다. '몽골군과 싸워 물리치면 신분을 가리지 않고 벼슬을 내리겠다.' 하고 성안의 노비문서를 모두 불태우고 몽골군에게 빼앗은 소와 말을 성민에게 모두 나눠 주었다. 그러자 승군은 다시 사기충천하여 몽골군을 물리쳐 충주성 방어에 성공했다. 천하무적 몽고대군을 물리쳐 나라와 백성을 또 구하였다.

조선시대에 와서 승유억불정책으로 불교탄압 사례를 보면 명군이란 세종도 유림의 반대를 뿌리치지 못하고, 선종 36개와 교종 36개 사찰만 두고 그 외 수백 개의 사찰을 강압으로 폐사시켰다. 또 세조는 도첩제를 실시해 도첩이 없는 승려들을 체포령을 내려 도성(길이 9,970, 보 18,6km 높이 3,3m)축성과 궁궐 건축, 도공이나 종이 제작, 무덤의 장의사를 시키는 등 강제노역장으로 보내 눈물겨운 노역으로 고통 속에서 죽게 했다. 도성을 축성하다가 죽으면 성 밑에 묻어 버리는 수가 부지기수라고 한다. 도성 밑 돌 틈에 핀 꽃 한 송이 풀 한 포기도 그들의 혼이라고 생각해서 가볍게 봐 넘기지 말아주면 좋겠다.

몇 년 전 임란영화 '명량'에서 의병과 승병들이 왜군과 전투상황을 보았지만 앞가슴에 수병이란 뜻인지 물수(水) 자를 써 붙이고 해상에서 싸우다 목숨을 잃은 병사들을 옆에 있던 전우가 시신과 부상자를 신속히 처리하는 것을 보았다. 훌륭한 지휘관 밑엔 용감한 병사들이라는 것을 알 수 있었다.

탄압은 계속된다. 성종 때는 불경을 불사르고 경을 읽지 못하게 하였고, 공부 잘하는 스님을 추방시키고 불경을 읽는 것을 발견하면 눈을 뽑았고, 가르치는 스님은 손을 잘랐다. 법당 내에 임금을 모셔야 하는데 부처를 모셨기에 불충이고 대를 잇지 못하니 불효고, 유교사상에 배치되는 종교라고 그런 가혹하고 비인간적인 조치를 하였다.

승장 기허당 영규대사는 800명의 의승들과 의병장 조헌 외 700명의 의병을 연합해, 임란 발발 4개월 만에 왜군과 싸워 승리하여 청주성을 수복한 전과를 올렸다. 그러나 금산 전투에서 병기와 병력의 중과부적으로 모두 전사했는데, 의병장 조헌 외 700명의 의병에겐 의총을 만들어 국가적 제향을 봉행해주고 있으나 승장 영규 대사 외 800명의 의승은 배제되어 사체수습도 제대로 못하고, 짐승의 밥이 되도록 하였다니 옛날 일이지만 의분이 치솟는다. 이와 같은 것이 조선유생이 한 처사다. 427년이 지난 지금까지 영혼이 갈 곳이 없어 떠돌아다니고 있는 것 같아 너무나 애달프다.

그래서 후세인에게 호국정신을 길러주고, 전사자에겐 영생토록 해주려고 매년 11월 5일 공주 갑사에서 자체적으로 순국대제를 봉행하고 있으니 반갑고 다행스러운 일이 아닌가. 근년에 뜻있는 정치인과 지자체장 및 스님들이 국가차원에서, 의승총 조성과 기념비 제작

설치 운동을 하고 있다고 한다. 고맙고 바람직한 일이다. 호국 보훈의 정신으로 '사즉생'이고 '생즉사'의 정신을 실천하고 전사한 의승들 영혼의 안식처를 만들어 주고 매년 순국대제를 크게 봉행하고 극락왕생토록 기도해 주기 바라는 마음이다.

승려의 애국적인 활동상황은 또 있다. 임란 후 일본과 조약 체결하려고 선조가 직접 관리인 유성룡 등 180명에게 돌아가며, 사신으로 갈 의중을 물었으나, 부끄럽게도 일본방문을 두려워해 모든 공직자가 승낙치 않았다. 관리가 아닌 사명대사는 죽음을 각오하고 쾌히 승낙하여 도일했다. 대사는 당시 65세의 고령으로 패전국이나 다름없는 국가 사신이 일본 측에서 하라는 대로 하고 오면 될 것이지만, 즉시 오지 않고 2년간 머물면서 보물과 사리 반환요구를 했고, 포로송환을 10명부터 시작하여 수십 명을 데려왔고, 나중엔 일본각처를 다니면서 납치된 조선인이나 잡혀갔으나 귀국하지 않으려는 조선인을 설득시켜, 3,500명을 귀국시키는 등 위대한 업적을 남긴 영웅적인 인물이다.

선조가 그 공을 높이 평가하여 정삼품 벼슬을 내리려 하니 유신들이 천민에게 벼슬을 주면 안 된다고 상소를 올리는 등, 반대가 극심하므로 대사는 웃으면서 내가 벼슬을 바래서 갔다 온 것이 아니고 백성을 위해 갔다 왔다고 하며 해인사로 들어갔다. 이에 선조가 미안하여 한약 한 제를 주려는 것도 반대해서 하사하지 못했다. 이것이 조선 관리들의 처사였다. 그런데 지금도 자기에게 해롭게 하지 않아도 승려를 보고 중놈이니 돌중이니 하며 욕하고 비하한다. 자기가 믿는 종교가 아니라도 불교는 우리나라의 전통종교로서, 어머니 마음과 같은 종교고 우리 조상은 불자였음을 간과해서는 안 된다.

1년 전 추석 대개봉 영화 '남한산성'을 시청한 적이 있는데 고립무원의 산성에서 청군과 47일간 전쟁 중, 척화파 김승유 판서와 주화파 최명길 판서 외 몇 명만이 활동한 것 같이 방영되었는데, 추위에 손발이 얼어 터져가면서도 산성을 쌓고 행궁과 왕이 정사를 돌보는 수어장대와 승병들이 기거할 요사체 등을 건축해 나라를 지키는데 일익을 담당했을 뿐 아니라, 적군과 싸워 장렬히 산화했거나 피눈물 나는 활동을 하고도 영상에 확실하게 비춰주지 않았는데 마음이 무거웠다.

그런데 위 시대와 공간은 다르지만 근간 매스컴과 지자체에서 승병들의 활동상황을, 상세히 발표함은 바람직한 일이다. 2018년 KBS TV역사저널 '승려 김윤후'에서 '세계 최강 몽골군을 두 번이나 무찌르다'를 부제로 방영한 것을 시청했는데 참으로 통쾌하고 감격스러웠다. 또 용인시에선 김윤후 승장이 처인성의 항몽 전투 활약상을 재조명해, 역사 공원으로 조성했다니 나라사랑하는 바람직한 일로서 관계인에게 표창이라도 해주어야 할 일이다. 이와 같은 공적이 어디엔가 또 있을 것으로 생각되니 우리 모두 공적 찾기에 내 일 같이 힘 써주기 바라는 마음 간절하다.

가을 창가에서

이진표

쏟아질 듯 파란 가을 하늘 창가에서 몇 십 년도 더 지난 어느 가을날 함께 근무했던 선생님을 생각한다.

김 선생님, 오래되었습니다. 그간 안녕하셨죠? 파란 가을 하늘을 보니 불현듯 선생님의 얼굴이 떠올랐습니다.

해마다 가을이면 운동회를 했죠. 만국기 휘날리는 하늘 아래 천막을 하얗게 치고 어린 학생들과 함께 뛰고 달렸죠. 그때 천막을 치던 선생님을 잊을 수가 없습니다. 천막 말뚝을 박고 지붕을 올릴 때 몇 번이고 말뚝을 바라보던 선생님의 시선 말입니다. 혹시나 빠질까, 부러질까 걱정하는 마음이 지금도 보입니다. 천막 끈을 이리 매고 저리 매며 당겨 보는 선생님의 팔뚝에는 힘이 솟았습니다. 정성을 다했습니다.

그것뿐 아닙니다. 김 선생님은 점심시간에 잠시 틈을 내서 혹시나 하고 천막을 둘러보았습니다. 혹시 말뚝이 빠지지는 않았나, 줄은 풀리지 않았나 하고 이리저리 돌아다니며 살펴보았습니다.

그날 아침에는 그렇게 맑던 날이 오후에 들어서자 구름이 끼고 바람이 불었습니다. 그래도 어느 천막 하나 넘어지는 일 없이 운동회를 마쳤습니다.

선생님은 그 다음해에 다른 학교로 가셨습니다. 선생님은 가셨지만 해마다 운동회 때는 선생님이 하셨던 방법이 그대로 남아 있었습니다. 그래서 '안전제일'을 늘 말씀하시던 선생님을 기억합니다.

김 선생님, 이런 말이 생각납니다. '사람은 가도 그가 걸어온 길은 남는다.' 사람은 가도 한 일은 없어지지 않고 오랫동안 남아 다음 세대에 전해진다는 말이겠지요? 그래서 선생님이 더 잊히지 않습니다. 말뚝을 박고 천막 둘레를 돌아보시던 그 모습 말입니다. 늘 말씀하신 '안전제일'을 스스로 행하며 말뿐이 아님을 몸으로 보였습니다.

'눈밭을 걸을 때는 모름지기 함부로 걷지 마라.'는 서산대사의 선시(禪詩)*가 생각납니다. 선생님이야말로 어린 학생들 앞에서 한 발 한 발 바른 발자국을 남겼습니다. 뿐만 아닙니다. 매사에 몸으로 행하시며 반듯한 모습을 보였습니다. 아이들은 말보다 몸짓에서 더 배운다는 말이 생각납니다.

선생님, 저도 이제 가을에 접어들었습니다. 지난날 지나오면서 얽히고설킨 인연으로 내가 친 '천막'*을 둘러보렵니다. 믿음으로 박은 말뚝은 아직도 든든한지? 인연으로 묶은 줄은 풀리지 않았는지 살펴보렵니다. 좀 더 잘할 걸, 왜 이렇게 했을까. 내가 한 일이라고는 믿어지지 않는 일도 많습니다. 그때는 그랬더라도 중간마다 자주 살펴보았더라면 오늘과 같은 일은 일어나지 않았을 것이란 생각이 문득문득 납니다.

내 곁을 떠나 소원하게 지내는 사람을 생각하면 더욱 선생님이 떠오릅니다. 점심시간에 천막을 둘러보듯 주위를 살피던 그 눈길 말입니다. 그 세찬 바람 속에서도 아무 탈 없었던 운동회처럼 나에게도 지난날의 믿음과 인연이 무너지지 않았을 것인데 하고 후회도 합니다.

선생님, 지난 일에 부질없는 욕심마저 듭니다. 내가 남긴 발자국 말입니다. 떠나고 나면 무엇이 어떻게 남을까? 다음 세대들이 무어라 할 것인가? 심지도 가꾸지도 않고 거두겠다는 과한 욕심이지요. 그래도 남아있는 세월 내내, 선생님이 점심시간에 천막을 둘러보듯 살펴보렵니다. 결자해지라 했는데 뿌린 자가 거두어야 할 것 같습니다. 가을에 접어드니 이리저리 지나온 그 길에 더 마음이 쓰입니다.

김 선생님, 선생님이 몸소 걸었던 길, '안전제일'은 내 마음에 오래 남을 것입니다. 말뚝은 제대로 박혔으며 천막 줄은 단단히 묶였는지 이리저리 살피시던 그 모습은 세월이 흘러도 지워지지 않습니다. 혹시나 하고 점심시간에 천막을 둘러보시던 그 걸음이 눈에서 사라질 줄 모릅니다. 그렇습니다. 선생님은 갔어도 선생님이 걸어온 길은 아직도 내 마음에 남았습니다. 오래오래 가억하겠습니다. 그러면서 이 가을이 저물기 전에 지난 세월 내가 친 천막은 어떤지 둘러보렵니다.

내내 건강하십시오.

창밖 파란 가을 하늘은 여전히 쏟아질 것 같다.

*踏雪野中去 不須胡亂行 今日我行跡 遂作後人程

*천막: 삶의 흔적

두 번 버리다

윤연옥

호숫가 산책 중에 고욤을 발견하고 달려간다. 산(山) 주인이 가지를 끊어 쌓아 놓은 나뭇단 위에서 고욤은 회갈색 얼굴로 묵언수행하는 듯하다. 반가움에 소나무가지를 걷어내고 버려진 고욤 몇 가지를 추려든다.

한동안 알싸한 향수에 취하다 고욤가지를 들고 버스에 탔으나 그만 차 안에 놓고 내려, 미안함에 우두하니 서 있다. 고의는 아니라도 고욤을 두 번 버렸지 싶어 버스 뒤만 서운하게 바라본다.

먹을 수 없고 안 먹을 수도 없는 계륵 같은 작은 열매, 내 어린 시절 어머니로부터 항아리에 담아 삭히어 한 공기 퍼주던 간식거리다. 살보다 씨가 많으나 달달한 그 맛은 아직 혀끝에 남아돈다. 유년 시절을 고욤에서 찾는 것은 한겨울 항아리 안에서 익혀가던 작은 열매의 고행이 예사롭지 않아서이다. 어느 수도자의 고행이 그와 같을까 싶기도 하다.

실한 열매 달고 서 있는 감나무의 모태는 고욤이다. 콩 심은 데는 콩 싹이 나지만 감 씨를 심으면 감이 되지 않는다는 생태를 알고 있다. 고향을 시골에 두었던 덕으로 고욤나무에 감나무를 접목하는 현장을 목격한 적이 있다.

고욤나무는 거듭나기 위해 밑동만 남기고 자기 것은 모두 잘라버려야 하는 처지가 된다. 나름대로 가꾸어온 모양이나 쌓아온 다른 정이 있다면 그마저도 미련 없이 버려야 하겠다. 고욤은 감이 되는 과정이고 감은 더 나은 감이 되기 위하여 두 DNA가 결합하는 순간이다. 어찌 보면 슬픈 생애이나 달리 보면 신분 상승이다. 그 비움 끝에 거듭남이 허투루 안 보이는 데는 하나의 일화가 있다.

요즘 들어 나의 남편은 늦게나마 인생 내리막길에 단호히 단절하는 게 있으니 수십 년 간 피워온 담배와 협약을 하게 된 것이다. 앞으로는 담배를 멀리 할 터이니 찾지 않아도 섭섭해 말라는 선언이다. 마치 남편과 내가 서로를 받아들였듯, 고욤은 모든 것을 끊어내고 새로운 짝을 만나야 한다. 더 나은 자신, 다름을 받아들이기 위한 끊어냄이다. 고욤이 감을 품었듯 남편은 마침내 담배를 끊고 새로운 생활을 영입하기에 이른다.

아내를 위해서라며, 한술 더 떠서 평생 마시던 술까지 밀어내고 만다. 술과 담배는 남편의 외로움을 달래주는 기호식품이므로 둘을 밀어내기란 여간한 고통이 아닐 게다. 그 둘은 남편에게 있어, 일을 풀어나가는 방법 중의 하나이기도 했으니까. 그 사람의 버림은 버림이 아니라 새로 태어나기 위함이니 남편의 눈물겨운 노력은 고행자에 비교할 바가 아니다.

늘그막에 사람이 이토록 변할 수 있나 싶어 놀라웠으나 노을져야 할 남편의 얼굴에 화색이 돈다. 하늘의 별이 세공하지 않아도 빛나

듯, 그 사람 역시 시키지 않아도 잘 하고 있으므로 좋은 현상임에 틀림없다. 병원의 의사가 무거운 선고를 내린 적 없기에 이야말로 고욤나무에 끼워 접목한 감나무의 결과와 다르지 않다.

감이 고욤의 품안에서 다시 태어나듯 그 사람과 나는 반쪽을 만나 하나의 생을 채워왔겠다. 남남이 만나 산다는 게 어차피 고행이나 다름없지만 고욤의 뼈대와 감의 혈족이 만나 살아왔으니 떫거나 쓰기도 하였음이다. 어쩌면 달달한 날들이 더 많았을 터인데 좋은 날들은 흘러가고 안 좋은 날들만 가슴에 박혀 수시로 '콕콕' 찔러댔지 싶다.

조물주가 고욤에게만 아픔을 주지 않고 감나무만 사랑하지 않듯 남편이 받은 햇살의 어루만짐을 나도 함께 누리는 중이다. 공짜가 아니다. 그 사람의 끊어내기 정도는 아니지만 옆에서 지켜보는 나도 쉽지 않았으니까. 버림은 새로운 받아들임이라는 진리를 알게 되기까지는 결코 짧은 날들이 아님을 안다.

그렇다면 이만큼 살아온 것은 평생 고욤인 줄로만 알고 살았던 남편의 덕이다. 사십여 년 함께하는 동안 미운 정, 고운 정 다 들었으므로 지금은 누가 고욤이고 누가 감인지 따지지 않는다. 서로가 '윈윈' 하고 있으니까.

돌아보니 계절 따라 신체리듬의 변화가 심해 가끔 혼자 부침이 뒤집기를 하면서 옆 사람 탓만 하였겠다. 하면, 우리 부부를 거듭나게 한 것은 확실히 고욤과의 만남에서 시작되었지 싶다.

이제 더 이상 서로의 떫음은 떫은 게 아니다. 과일이라 볼 수 없고 버리거나 먹을 수도 없는 작은 열매에 불과한 고욤처럼 우리 부부가 애초에 그렇게 만났으면서 알아차리지 못했으리라. 둘이 하나 되기는 감나무나 사람이나 매한가지다. 하루는 고욤으로 하루는 감으로 살아간다 해도 지금은 1촌의 관계에 감사하는 나날이다.

어느 날 저녁 식사 후, 우리도 남들처럼 손잡고 걸어보자고 남편이 청해온다. 남은 날들이 한 번 더 접목되는 순간으로 비어져 나오는 웃음이 쑥스럽게 번진다. 나라고 해서 남편의 마음에 다 들지는 않았을 터, 부부가 함께 산책을 나서고 보니 예전에 홀로 고욤 가지를 줍던 호숫가이다.

누가 남편과 내게 고욤이라고 손가락질 한 적 없고 실한 감이라고 추어 준 적 없다. 그렇다면, 볼품없는 열매라 주눅들 일 아니고 실한 감이라 어깨 으쓱댈 일도 아니다. 작은 열매는 작은 대로 큰 열매는 큰대로 소임을 다 하였으니까.

고욤은 버려졌으나, 단 한번이라도 버려서 안 되는 관계가 있다면 바로 내 남편을 비롯한 식구들이다. 물론 사람마다 사정이야 있겠으나 사노라면 좋은 날들과 안 좋은 날들이 반복되기에 지나 온 날들 그렇게 떫다고 불평할 일만은 아니다. 더욱이 가족이라면.

살다가, 전지된 갈색 고욤가지를 다시 만난다면 남편과 나에게 아니 가족관계에 이상이 있나 한 번 더 점검해보라는 경고로 받아들여야 하겠다. 고의는 아니지만 맹랑하게도 고욤을 두 번씩 버리고 나서야 가족관계와 인생사를 돌아보는 중이다.

엄마도 여자다

이정희

모처럼 한가로운 시간이다. 시를 외우고, 책도 읽고, 컴퓨터로 검색하고, 글을 쓴다. 휴식을 취하며, 거창하게 앞으로의 계획도 세우고… 혼자 있어도 심심하지 않아서 좋다. 거실로 나와 습관대로 TV리모컨으로 채널을 돌렸다. 젊은 가수 L씨가 '엄마도 여자다'를 부르고 있다. 가사가 재미있다. '엄마도 여자'라고 모든 엄마들을 대변하는 것 같다.

날씬한 허리 일자로 변해도
예쁜 블라우스 청바지 입고
거울 앞에 서면
엄마도 엄마도 엄마도 여자다

노랫말같이 모든 엄마들은 꿈도 있고, 사랑도 있다. 당연한 얘기 아닌가. 폰으로 계속 들었다. 젊은 가수는 '거울 앞에 서면 엄마도 여자'라고 열창한다. 이 노래를 들으며 혼자 웃는다. 얼마 전에 있었던 일이 생각나서다.

이른 봄, 피부과에 내 이름으로 예약했다고 큰아들한테서 문자가 왔다. 설날에 아이들이 왔을 때, 큰아들에게 "얼굴 좋아졌다."고 말했다. 큰아들은 잘 아는 원장이 운영하는 병원에서 점을 빼고 피부관리를 받았다고 말했다. 큰아들이 "엄마는 얼굴에 뭐하고 싶은 곳 없으셔요?" 하고 묻기에, 나는 "얼굴에 있는 검버섯을 뺐으면 좋겠는데." 했다. 한 번도 생각지 않았던 말이 툭 튀어나왔다.

우리 아파트에 얼굴이 곱상한, 젊었을 때는 미인 소리를 들었을 것 같은 85세 되신 할머니가 살고 있다. 그 할머니는 산책길에 만나면 늘 같은 말씀을 하신다. '얼굴과 손등의 검버섯을 없애고 싶다'고. 나는 그 말을 처음 들었을 때 솔직히 놀랐다. 그 연세에 검버섯이 신경 쓰인다니…. 그 후로 할머니를 만나면 그분 얼굴의 검버섯이 먼저 눈에 들어왔다. 말씀을 안 하셨다면 그냥 모르고 지나칠 수 있는 검버섯이었다.

할머니의 입버릇 같던 검버섯을 큰아들에게 나도 모르게 내뱉은 거다. 큰아들은 그 말을 기억했다가 병원에 예약했단다. 예약한 날짜와 시간을 카톡으로 보내왔다. 처음 가는 병원이라 새벽부터 서둘렀다. 원장의 친절한 상담에 이어 생전 처음 레이저 시술을 받았다.

사전 지식 없이 검버섯 제거 시술을 받은 거다. 나는 늘 그렇다. 남들은 무슨 일을 하기 전에 꼼꼼히 체크하고, 묻고 또 물어서 실행하는 일을, 나는 그냥 편하게 믿고 맡기는 편이다. 시술이 끝난 후, 거울에 비친 내 얼굴은 테이프 조각으로 도배가 되어있었다.

이튿날은 J사(寺)에서 시조 문학상 시상식이 있는데, 나는 그 행사에서 시낭송을 하기로 약속했었다. 시술 후의 상태와 주의사항을 미리 물어봤어야 했다. 얼굴에 테이프 조각은 하루만 지나면 떼어도 되는 줄 알았다. 간호사가 읽어보라고 건네준 유인물에는 세수도 가능하고, 가벼운 화장을 해도 된다고 쓰여 있었기 때문이다.

다음날 아침에 세수하고 테이프를 떼었더니 상처가 깊었다. 다시 새 테이프를 붙였다. 내 얼굴은 도로 테이프 조각이 덕지덕지 붙어 있다. 당연히 시낭송은 못하게 되었다. 친구에게 얼굴에 붙인 테이프 때문에 글공부하러 못 가겠다고 메일을 보냈다.

친구는 '늙으면 검버섯은 생기기 마련인데, 병원에는 뭣 하러 갔느냐'고 답을 보내왔다. 내 주변 친구나 지인들이 검버섯 치료받은 것을 보았더라면 날짜를 잘 선택했을 텐데…. 아니, 아예 병원에 가지 않았을 것 같다. 모르면 용감하다고, 몰라서 생긴 일이었다.

우리 어머니 세대는 본인 이름보다는 자녀의 이름을 넣어 엄마, 태어나고 자란 고향이름을 붙여 ○○댁으로 불렸다. 어머니는 옷차림이 수수해야 한다는 것이, 오래전부터 내려온 우리의 생각이었는지 모른다. 또 어머니들은 마음도 함께 나이를 먹는 줄 알았다.

학습관에 초미니스커트를 입고, 노랗게 물들인 긴 머리 아가씨가 등록했다. 그녀는 한여름이면 허벅지를 내놓은 짧은 반바지에 민소매 티셔츠를 입고 다녔다. 알고 보니, 그녀는 놀랍게도 중학교에 다니는 딸이 있었다. 요즈음은 외모로 나이를 가늠하기 어렵다.

지하철 안의 할머니들도 전혀 나이를 짐작할 수가 없다. 청바지는 안 입었지만, 귀고리·목걸이·선글라스를 낀 활기차고 밝은 모습이다. 일부러 '엄마는 여자'라고 항변(?)하지 않아도 될 것 같다. 다들 멋지게 살고 있으니까. 곱게 화장한 할머니들의 마음 역시 젊은이들과 별반 다르지 않을 것 같다.

휴일에 내려온 큰아들은 내 얼굴을 보더니 전보다 환해진 것 같다고 하기에, "아직 검버섯은 그대로야."라고 말했다. 큰아들은 "S원장한테 엄마 얼굴, 잘 봐달라고 했어요." 한다. 나는 '녀석도, 무얼 잘 봐줘.'라고 속으로 말하며 웃었다. 내가 아이들 모르게 피부과에 들렀으면 조금은 쑥스러웠을지도 모른다.

'그 나이에 무슨 피부과?' 하고 내 앞에서는 표현 못하고 저희들끼리 흉보지 않았을까. 내가 80대 할머니의 검버섯 얘기에 놀란 것처럼. 내가 검버섯 치료를 받은 것을 안 지인들은 치료 후 주의사항을 알려준다. 햇볕을 쪼이면 도로 검버섯이 짙어진단다. 그래서 대부분의 사람들이 겨울에 시술을 받는다고 한다.

검버섯을 치료한다고 한바탕 부산은 떨었지만, 70세가 넘도록 얼굴에 신경 쓰지 않고 살았으면 그 또한 큰 복이 아니가. '평범한 것이 가장 비범한 것'이라고 배웠다. 평범하기가 가장 어렵다는 뜻이다. 이제 욕심이 있다면 심신의 건강이다. 친구는 아프면 만사휴의라고 강조한다. 아파서 모든 일이 헛수고로 돌아가면 어쩌지….

노랫말이 아니라도 요즘 엄마들은 씩씩하게 자존감 키우며 열심히 살고 있다. 내면의 아름다움과 고운 마음씨까지 겸비한 멋진 엄마들이 많다. 꿈과 사랑이 있는 엄마, 자녀들에게 모범이 되는 엄마, 진실하고 인간애가 넘치는 그런 엄마, 나도 그런 엄마이고 싶다.

나를 위해 살겠다 엄마도 여자다
아직도 잘나가는 엄마도 여자다
엄마도 여자다

한 복

김은성

한복의 역사는 고구려, 백제, 신라의 삼국시대로부터 시작되었다.

처음 한복의 흔적을 발견한 것은 벽화에서였다고 한다. 고구려 벽화인물들이 이 옷을 입고 말을 타고 산을 달리면서 호랑이를 잡고 있는 데서도 느낄 수 있다고 한다.

한복을 입으려고 추수감사절을 손꼽아 기다리는 친구 권사가 있다.

추수 감사절에는 목사님, 장로님도 한복 위에 두루마기를 입고 그해 농사지은 알곡들을 쌓아놓고 예배를 드린다. 여신도들도 예쁜 한복으로 치장하고서 과일바구니를 안고 들어와 강대상에 올린다.

평소에는 한복을 입고 다니기가 거추장스럽다. 가정에 경사가 없는데도 고운 한복을 입으면 쑥스럽기 때문이다. 언제부터서인지 우리의 전통 의상은 예복으로 잠깐 입고 사진 찍으면 벗고서 일상복으로 갈아입곤 한다. 나도 젊었을 때 교회에서 한복 입을 일이 많아서 진주에서 본견인 명주를 단체로 주문하여 여러 가지 색으로 많이도 해 입었다. 옷을 만들지 않고 비단을 그대로 두었으면 현재 유행인 옷을 해 입을 수도 있었는데, 옛날 옷이 되었다. 천이 아까워 장롱 속에 보관하고 있다.

이젠 나이가 들고 삼남매도 결혼시켰으니 한복 입을 날이 없다. 해서, 며칠 전에는 남편 한복 두루마기와 내 한복을 몽땅 세탁소에 맡겼다. 동정을 깨끗이 달아서 한두 번 입을 일 있으면 입다가 필요한 사람한테 주려고 한다. 남자 저고리는 거의 변화가 없지만 여자 저고리는 신분의 높고 낮음, 유행을 표현하는 데 민감하다.

친구는 다리 수술하느라고 입원해 있을 때 큰며느리가 병원에 와서 치수를 재어가더니, 한복을 손으로 한 땀 한 땀 바느질해 왔다고 했다. 옷감은 양단이고 저고리는 옥색에 하얀 끝동을 달고 치마는 팥죽색이라고 한다.

며느리는 부잣집 딸이라 미국에서 뉴욕 공과대학 컴퓨터 공학 석사까지 받았다고 했다. 그런데 어떻게 한복을 만들 줄 아냐고 했더니 학원에 가서 배웠다고 했단다. 시아버지 한복도 꿰매고 있는 중이란다. 나는 감동했다. 친구도 침이 마르도록 며느리 칭찬을 한다. 그 며느리는 시어머니와 전화할 때도 "멋있는 아들 낳아 잘 키워서 저한테 보내주셔서 감사합니다."라고 하더란다. 시어머니가 다리 수술하고 집에 와 있을 때도 우족이 좋다고 끓여서 대전에서 서울까지 대중교통을 이용해 가져왔다고 하였다

둘째 며느리도 역시 효부라고 했다. 신혼여행 갔다 와서부터 시어머니 믿는 하나님을 믿는다며 교회에 열심히 다니고, 새벽기도 행사가 있을 때면 일산에서 서울까지 빠지지 않고 출석했다고 한다. 성경에 나오는 룻 같은 현대판 며느리들이다. 그 친구가 어른을 잘 섬기고 모범적으로 살아왔기 때문에 그런 복을 받는 것인지, 그 한복

을 벽에 걸어놓고 매일같이 바라보며 추수감사절이 빨리 돌아오기를 기다린다. 한복을 입고 사진 찍어서 며느리에게 보낸다고 했다.

우리들 어릴 적 명절이 다가오면 어머니가 만들어주신 때때옷 입으려고 하루하루 손꼽아 기다리던 때와 같다. 명절에는 할머니 어머니들이 호롱불 밑에서 손바느질해서 어른과 아이들에게 입혀주었다. 작아진 옷은 뜯어 빨아서 물들이고 손질해서 다시 꿰매주면 새 옷 같았다. 겨울 한복 저고리에 하얀 목화솜을 넣어주면 폭신하니 따뜻했었다. 현재는 기성복 한복도 수두룩하다

그래도 어릴 적 어머니가 만들어주신 색동저고리 입고 널뛰던 그때가 그립다. 되돌릴 수 없는 그때가….

가치의 전환

- 이윽고 내려놓은 그 자리에

오수지

『백장미 수기(Die Weisse Rose), Inge Scholl』 남편과 함께 보내게 될 안식년을 준비하며 고른 첫 번째 책이다. 현지에서 읽으면 훨씬 생생한 느낌으로 다가올 거라는 생각에 독일, 특히 내가 방문하게 될 도시인 뮌헨과 관계되는 책을 골랐다. 이 책은 독일 나치에 저항하다 국가반역죄로 사형당한 뮌헨 대학생들에 관한 내용이다. 국가사회주의가 인류 보편적 가치를 파괴하며 독립적이고 자유로운 개인의 자유를 침해하는 것에 저항하여 뮌헨대학의 학생, 교수가 조직한 '백장미'운동은 1942년, "한 문화국가의 국민으로서 무책임하고 어두운 충동에 사로잡힌 통치자에게 아무런 저항도 하지 않고 통치당한다는 것 이상으로 수치스러운 것은 없습니다."로 시작하는 선언문을 배포하며 그 활동을 시작했다. 그들은 독일이 전쟁에서 패배해야만 인간적 원칙을 회복하고 자유로운 사회를 수호할 수 있다고 주장했다. 자신이 속한 나라의 패배를 바란다는 것은 모순적이고 비극적인 일이었지만 야만의 위협에 맞서기 위해서는 독일이 지는 것만

이 유일한 해결책이라 생각했기 때문이다. '반민족적'이라는 오명을 받으면서까지 국가권력이 개인의 자유를 침해하는 것에 저항했던 젊은이들에 대한 생각으로, 어느덧 나는 이 곳 뮌헨에서 마주하는 많은 것들을 '개인의 자유'라는 각도에서 바라보게 되었다.

뮌헨에서 두 번째 읽은 책 『독일어 시간(Deutch Stunde), Siegfied Lenz』은 나치체제에서 동네 경찰서장으로 일하며 '의무의 기쁨'을 삶의 근원적 목표로 삼았던 작가 자신의 아버지에 대한 슬픔과 회한, 더 나아가 '게슈타포'로 상징되는 억압된 사회를 보여주었다. '의무의 기쁨'이란 이 책의 주인공이 소년원에서 체벌로 써야 했던 작문의 제목인데, 내게는 마치 그것이 이 소설의 제목인 양 여겨질 만큼 크게 다가왔다. 나에게 있어서 '의무의 기쁨'이란 나치체제하의 맹목적 관념을 넘어서기 때문이다. 그것은 나를 여기까지 이끌고 온 힘이었다. 지금의 나를 만들기 위해 놓치지 않으려 애써 왔던 가치였다. 그런데 그것에 대해 이쯤에서 세밀한 성찰이 필요하다는 것, 그 결과 그처럼 든든했던 방어막이 흔들릴 수도 있다는 것, 그 사실만으로도 나는 초초해졌다. 그것은 마치 하루해가 저물어갈 무렵 그 하루가 온당하지 않은 것으로 채워졌다고 느껴질 때, 형언하기 어려운 우수가 밀려오는 것과 같았고, 더불어 '의무의 기쁨'이라는 블랙홀로 빨려 들어갔던 많은 것들에 대한 향수로 마음이 어지러워졌다.

나는 이곳 뮌헨에서 아름다운 집에 거하고 있는데 주인은 Christine이라는 66세 된 여자이다. 그녀는 집을 소개하면서 이 집에는 자신과 딸만 살고 있고 남편은 요즘 새 여자 친구가 생겨서 다른 곳에서 산다고 했다. 나는 놀라는 표정을 짓지 않으려고 노력했지만 감출 수 없었던지 그녀는 대번에 "That's life."라고 말하며 어색해 하는 나에게 웃어주었다. 하루는 Christine이 "오늘 밤에 리버풀과 바이에른 뮌헨의 축구 경기를 보려고 남편 Peter와 그의 여자 친구가 집에 올 건데(그들이 살고 있는 집에는 축구경기를 방송해주는 케이블TV가 없어서), 그들과 같이 거실에서 축구경기를 볼래?"라고 물었다. 그녀 자신은 아로마오일에 관한 수업을 들으러 시내에 간다고 했다. 이번엔 정말 놀라웠다. 이것은 후안무치인가 자유의 성역인가. 불편한 관계에 있는 3명이 이렇게 각자의 영역을 지키며 살아갈 수 있는 거라면 도대체 한 개인에게는 얼마만큼의 자유가 보장될 수 있다는 말일까.

이후로도 주말이면 가끔씩 집에 와서 정원을 가꾸고, 부인과 딸에게 다정하게 인사하고 떠나가는 76세 Peter의 모습을 볼 때면 의아하다는 생각과 함께, 내가 매일 나가 공부하는 막스플랑크연구소의 도서관 사서 스티븐의 모습이 떠오르곤 했다. 한 인간이 '남성'이라는 자리에서 벗어나 독립적이고 자유로운 인간으로서 충분히 '여성'적일 수도 있음을 거리낌 없이 보여주는 사람. 신기하게도 그를 바라보고 있으면 그를 억압하고 있는 어떤 것이 느껴지기 보다는 오히려 인간에게 내재되어 있던 본래의 자유로움이 느껴졌다.

"That's life."라고 말하던 크리스틴의 씁쓸한 웃음 또한 우리가 과장해 마지않았던 '불행'의 모습은 아니었다. 그것은 오히려 위태롭지만 '살아있음'이었고, 삶의 중심이 이동하고 있는 '움직임'이었고, 독립된 인간에게 주어진 불안한 '자유로움'이었다. 이런 말을 하고 있는 내가 놀랍다. 이곳에서 목격하고 있는 '인간으로서의 자유로운' 모습이 내게 이토록 긴 울림을 가져오는 것은 어찌된 일인가. 그것은 내가 인생의 화창한 봄날마저도 근엄한 의무감에 휩싸여 엄숙하게 행진할 때, 허영이라 비웃었던 그 모습이 아닌가. 『독일어 시간』을 읽고 났을 때의 그 어지러움, 인간이 가져야 할 '의무의 깊이' 속에 무한히 빨려들어 갔던 '푸른 표면'의 실체를, 이곳 뮌헨 청년들이 반민족적이라는 오명을 쓰고 국가 반역죄로 처형당하면서 까지 지키고 싶어 했던 '개인의 자유'의 실체를 여기서 보았다고 하면 너무 큰 비약일까.

이쯤에서 내게 들려오는 익숙한 속삭임이 있다. "의무의 기쁨과 자유는 같이 갈 수 있는 거야. 힘들다고 하나를 버리는 건 바보들이나 하는 거지. 그들은 단지 효율적인 방법을 몰라서 그래. 눈치껏 조금씩 눌러 가면서, 조금씩 무시하고 나가다 보면 어느새 두 개 아니 세 개도 건사한 채 목표에 도달해 있는 거야. 뭉개져 있든 바스러져 있든 그게 중요한 게 아니라 그저 아무 것도 놓치지 않고 '가지고' 있으면 되는 거야." 이것은 바로 내 삶의 이미지이기도 하다.

그렇게 나는 효율이라는 가치를 키워냈다. 효율은 기회와 시간의 제한을 내포한다. 효율의 측면에서 같은 길을 두 번 가는 법은 없다. 뷔페식당에서 접시를 단 한 번만 사용할 수 있다고 하면 우리는 그 한 번의 접시에 모든 것을 담기 위해 얼마나 애쓰겠는가? 그곳에서 창의와 경제가 탄생하겠지만, 억지와 탐욕 또한 탄생한다. 발 딛을 틈 없이 꽉 찬 거리에서도 요리조리 방향을 바꿔가며, 혼란과 충돌을 감수하고라도 예상치 못한 방향으로 움직임으로써 영역을 확보해, 늦게 출발하고도 시간에 딱 맞게 도착하고야 마는 것이다. 이후, 역시 누구보다 재빨리 자리를 선점하고, 주변의 시선을 무시한 채 살기로 작심하는 것으로 내면의 원초적 갈등과 화해하며 자기가 속한 집단의 누군가를 위해 자리를 쪼르르 맡아주는 임무까지 완수하고 나면 비로소 아주 편안한 모습으로 효율에 익숙해진다. 그 효율이 내가 살아온 시대를 풍요롭게 만든 원동력임에는 부인할 수 없다.

돌이켜보면 나를 여기까지 이끌고 온 동력은 '의무를 효율적으로 수행하는 것'이라 할 수 있겠다. '의무'가 내적 동력이라면 '효율'은 외적 동력이다. 그들과 함께 한 나의 50여년의 여정이 잘못되었다고 고백하는 것은 결코 아니다. 그것에 의지하여 걸어 온 과정 또한 나에게는 기쁨이었고 감동이었다. 나름의 허영과 심지어 모순을 내포하고 있었지만 그 자체만으로도 충분히 의미 있었고, 내 마음 속에 자랑스러운 그 무엇을 증명해 주기도 했다. 그런데 이제는 나를 이끌어준 그 가치들을, 나를 재촉하고 응원해 주던 그 속삭임을, 수고했고 고마웠다는 말과 함께 조용히 내려놓고 싶다.

이것이 단지 뮌헨 때문인지, 책 때문인지, 아니면 이방인에게 허락된 낯선 시선 때문인지, 그 무엇 때문인지 묻는다면 분명히 답할 수는 없다. 혹은 그동안 아무도 눈치 채지 못한 채 공중에서 힘없이 부서졌던 나의 한숨들이 불현듯 형태를 갖추어 술렁대며 내 앞에 나타난 것이냐 묻는다면 그것 또한 잘 모르겠다. 다만 그러한 때가 온 듯하다. 그것 외에는 달리 설명할 수가 없다.

이런 것을 성장이라 한다면 그럴 수도 있겠고, 퇴행이라 한다면 그 또한 일리가 있겠다 싶다. 아무튼 지금 내 안에는 시간이 교차하며 흐르고 있고, 적어도 이제 나는 나를 이끌어준 그 가치들을 내 주변과 다음 세대에게 강요하지 않기로 한다. 한 시대를 발전케 했던 가치들을 우상화 하는 일, 휴브리스(Hubris)의 오류만큼은 범하고 싶지 않기 때문이다.

이윽고 조용히 내려놓은 그 자리에 어색하게 찾아온 침묵과 마주한다. 내가 몰랐던 것을 비로소 무엇인가 깨닫는 심정이 왜 이처럼 가볍고 서글픈가.* 어쩌면 나는 대책 없는 몽상가이고, 내 생각이 틀렸을지도 모르겠다. 하지만 차츰차츰 오래 된 기억들이, 의무와 효율의 소용돌이 속으로 빠져들어 갔던 내 인생의 작은 편린들이, 중력을 거슬러 자유롭게 날아오르고 싶었던 꿈들이 정제되어 올라오기 시작하자 나의 마음에는 의무가 아니었을 때 더욱 더 아름답게 드러났을 본질, 그 본연의 실체가 보이가 시작한다. 자연스럽고 자유롭다. 나는 이제, 완벽함의 경계를 넘어, 조화로움의 한계를 넘어, 규격화 되지 않은 곳에 정형화 되지 않은 모습으로 위태롭게 서 있을 수 있는 자유를 존중하고 꿈꾼다. 매일매일 전철을 타고 뮌헨 자유역(Munchener Freiheit)에서 내려, 80여 년 전 젊은이들이 개인의 자유를 갈망하며 뿌린 전단지가 광장 바닥에 그대로 석판으로 새겨져 있는 거리를 걸으며, 나의 인생이, 의무와 효율의 갈등으로 점철되었던 나의 인생이, 흥분이나 열에 들뜬 서투른 자유가 아닌 활기와 생명력으로 가득 찬 하얀 장미의 자유로 피어날 수 있기만을 소망한다.

---

*아 내가 모르는 것을, 내가 모르는 그 절망을 비로소 무엇인가 깨닫는 심정이 왜 이처럼 가볍고 서글픈가.(이형기 시 「들풀」 중에서 변형 인용)

아버지와 물뼈다귀

윤연모

아버지를 추억할 때, 따뜻하고 환한 미소와 함께 떠오르는 것이 있다. 그것은 단연코 '물뼈다귀' 즉, 아이스 바이다. 요즈음 아이들이 '하드'를 아이스 바 혹은 아이스크림이라고 부르니 하드는 사라져가는 언어가 되었다. 아버지께서 생전에 집안에서 제사를 모실 때마다 아버지 제상에 다른 것은 필요 없고 오로지 물뼈다귀만 많이 사다 놓으라고 하셨다. 그때 나는 예정된 이별에 잠시 충격을 받았지만 피식피식 웃어 그 분위기를 모면하였다. 하지만 돌아가신 후에 아버지께 해드릴 수 있는 것이 아무것도 없었다. 하여, 그저 아버님 기일이나 명절에 아이스 바를 사기 위하여 어머님 댁 동네를 헤매곤 하였는데 거의 모든 가게가 문을 닫아 애를 먹었다. 현실에서 정말로 아버지랑 함께 아이스 바를 베어 물고 인생이야기나 유머를 나눌 수 있다면 얼마나 좋을까.

아버지는 유머를 많이 쓰며 평범한 사물에 대하여 이름을 특이하게 지어주셨다. 어느 누가 아이스 바를 물뼈다귀라고 이름 지을 수 있겠는가. 이름만 들어도 성분이 물로 만들어진 뼈다귀라니 참으로 기발하고 신선하다. 사실, 아버지는 물뻐다귀라고 부르지 않고 '물뼉다귀'라고 부르셨다. 아버지는 물뼈다귀 중에서 유난히 '누가바'를 좋아하셨는데 그 시원함과 달콤함을 즐기셨던 것 같다. 어렸을 적에 아버지가 하드를 그렇게 개명한 것에 대해서 상당히 신기하게 생각하고 아버지를 멋지게 생각하였다. 아버지가 어떻게 저런 단어를 만들어낼 수 있었는지 지금도 궁금하다. 지금 내가 시인이며 수필가로 활동하는 것도 아버지의 이런 재능을 아주 조금 물려받은 덕분인 듯하다.

아버지께서 잡채, 갈비, 떡, 굴비, 식혜를 아주 좋아하셔서, 어머니께서 이 음식들을 정성껏 만들어 다른 음식과 함께 커다란 제상에 차려놓으셨다. 오, 이 음식 맛의 놀라움! 그 맛이 마치 음식 장인이 명품 맛을 선보이는 것 같았다. 할아버님께서는 며느리를 셋 두셨는데 그중에서 큰며느리인 어머니가 음식을 제일 잘한다고 자주 칭찬을 해주셨다. 어머니께서 음식을 정갈하고 맛있게 요리하신다고 할아버님으로부터 칭찬 받으실 때, 마치 내가 칭찬을 받는 것처럼 뿌듯하고 기뻤다. 어머니 덕분에 어린 시절부터 맛있는 음식으로 입이 호강하여 어머니께 감사드린다.

제사라는 것이 돌아가신 분을 추모하는 것이지만, 돌아가신 분 덕택에 살아있는 가족들이 모두 모여 정성들여 차린 맛있는 음식을 먹으며 그분을 추모하며 가족의 화합을 도모하는 축제가 아닌가. 세월이 흐른 지금, 돌아가신 부친 때문에 가슴이 아프고 아리다기보다 부친을 추억하고 그리워하며 옛이야기를 하고, 돌아가신 아버지의 뜻을 마음에 새기며 산다. 하여, 삶이 힘들 때에 아버지라면 어떤 가르침을 주실지 생각하며 살아갈 에너지를 얻고 바르게 살아야 한다는 생각을 곱씹는다. 아버지란 존재는 마음속에만 계셔도 실로 엄청난 존재이다.

아버지께서 살아계실 때 제상에 물뼈다귀만 사다 놓으라고 하셔서 그 말씀대로 아이스 바를 열심히 사다 아버지 제상에 올렸다. 어머니는 큰딸이 아버지 제사 때에 온갖 아이스 바를 몽땅 사들고 와서 의기양양해 하면, 우리 딸이 아버지 말씀을 잘 따른다며 칭찬해 주셨다. 얼핏 듣기에 딸이 아버지의 물뼈다귀를 사오기를 은근히 기대하셨던 것 같다. 하지만 어머니도 과일이나 음식 재료를 사실 때, 물뼈다귀 생각이 간절했어도 딸이 사도록 남겨 놓으신 것 같다. 철없는 딸내미가 어머니의 그 깊은 속을 알았을 리 만무하다. 어머니는 며느리들과 정성껏 음식을 장만하셨는데 큰딸은 그저 아이스 바로 생색을 내었으니, 어쭙잖은 딸이 뭔가 할 수 있도록 기회를 주신 것일 게다.

아버지의 영혼이 산소에 머무르고 계신다면, 세월이 많이 흐른 뒤에 어머니께서 그렇게 큰소리로 오랫동안 곡을 하신 것에 대해서 행복하게 여기실 것 같다. 어머니는 아버지 산소에 가시면 자손들과 함께 산소 봉분과 주변에 난 잡초도 손수 뽑고 상석에 음식도 정성껏 차려놓으신다. 그리고 큰아들인 오빠가 먼저 의식을 시작하고 어머니 차례가 되면 드디어 내 차례가 왔다는 듯이 곡을 하신다. 정말 이십오륙 년 동안 변함없이 눈에 붙어있는 수도꼭지를 세게 튼 듯이 눈물을 줄줄 흘리며 '아이고' 소리를 높여 통곡하셨다. 부부의 금슬이 좋았던 것의 과시일까. 남편이 먼저 저승길을 떠나셔서 때로 적적하고 허전한 어머니의 속내를 자식들 앞에서 표현하시는 것일까. 자손들 모두 숙연해져서 더러 눈물을 흘리곤 했다. 오로지 아버지 '학림(鶴林) 선생님'만 그리워하는 어머니의 곡소리는 세월이 흘러도 줄어들지 않았다. 하여, 아버님을 모신 모란공원의 하늘과 땅에 어머니의 곡소리가 구슬픈 상사별곡이 되어 울려 퍼졌다. 혹여 영혼 친구들이 음식 앞에 모이면, 아버지 영혼이 특유의 미소를 지으며 어머니 자랑이라도 한마디 하시지 않을까. 또한 지극한 정성으로 아이스 바를 사다 드리는 딸의 존재도 흡족하게 생각해주시면 좋겠다.

내일 아버님 산소에 갈 생각에 마음이 부풀어 잠도 오지 않는다. 노란 개나리꽃 무더기가 비록 조화이지만, 내 마음을 이해한다는 듯이 나를 향해 미소 짓고 있다. 아버지께서 좋아하시던 생화도 사서 드리고 보온통에 얼음과 함께 넣어서 가져온 시원한 아이스 바를 꺼내어 드리면, 아버지께서 무덤 위에 일어나 평소처럼 양반다리를 하고 앉아 딸을 맞이하여 주실 것이다. 그리고 "연모야! 네가 애비가 좋아하는 물빽다귀를 잊지 않고 사가지고 왔구나. 우리 큰 공주가 기특해!"라고 하시며 생시처럼 얼굴을 허물어뜨리며 웃어주실지도 모른다. 그러면 "오, 아버지, 나의 영원한 스승이자 사랑과 존경의 대상인 고(故) 윤상렬 교장선생님! 감사합니다!"라고 큰소리로 말씀드려야겠다. 아버지가 계신 하늘을 우러러볼 수 있도록 빨리 날이 밝았으면 좋겠다.

아버지의 자전거

이혜전

오랜만에 시골 친정집엘 내려갔다. 아버지 기일이었다.

착잡한 마음에 앞마당 뒷마당 돌아 뒷산 대나무 숲도 둘러본다. 아버지가 거처하시던 사랑채를 한 바퀴 돌아보다가 처마 안쪽 녹이 쓴 채 세워져 있는 자전거가 눈에 들어왔다. 늘 타고 다니시던 것으로 그 당시에는 자가용 이륜 승용차인 셈이었다.

시간을 되돌려 옛 생각에 젖어들었다. 비탈진 시골길을 지도 그리듯 여기저기 희망의 페달을 힘차게 밟고 바퀴를 굴리며 수십 년 동안 반복하여 다니셨다. 오일장 날이 되면 반짝반짝 빛이 나게 닦은 자전거를 잡고 대문을 나서면 두 바퀴에서는 은색 빛이 햇빛에 반사되며 멋스럽게 굴러갔다.

여름 땡볕에 망사중절모자를 쓰시고 모시 두루마기 펄럭이면서 시골장 한 바퀴 돌아보시면 상인들은 모두 멋쟁이 할아버지 오셨다며 반겨주었다. 시장 곳곳을 둘러보시다가 좌판 위에 누워있는 간고등어 한 손 사서 들고, 농사일에 쓸 호미나 낫 등을 사서 함께 뒷자리에 싣고 단단히 묶어 고정시킨다. 오랜만에 시장에서 만난 친구나 아는 분들과 차 한잔하며 담소를 나누시다가 해가 뉘엿뉘엿 기울면 아버지는 집으로 향해 페달을 힘주어 밟으신다. 어느새 달빛도 뒷자리에 올라앉는다. 신작로를 지나 외로 난 산길을 이리저리 흔들리며 설렁설렁 바퀴를 돌려서 돌아오시곤 했는데 항상 표정이 넉넉해 보였다.

가끔 오빠나 나를 태워서 학교에 데려다주기도 하셨다. 뒷좌석에 앉아 아버지의 허리를 잡고 갈 때는 아버지의 사랑을 느끼며 기분이 좋았다. 뒷좌석에 앉아 바라보는 먼 하늘은 아침구름이 흘러가고 아직 다 걷히지 않고 남아있는 안개 위로 햇살이 비치고, 길게 가야하는 산길엔 산새들도 잠에서 깨어나 이야기들을 나누고 있었다. 이어지는 들길의 확 트인 아침 공기를 스치며 뒤로 사라져 가는 길바닥을 내려다보던 그때의 기억들도 아련히 다가온다.

아버지는 무논에 모심기가 끝나고 나면 벼가 뿌리를 잘 내릴 때까지, 새벽 으스름이나 초저녁 달빛에 논물 보러 다닐 때 좁은 논둑길을 요리조리 핸들을 움직여 가면서 미끄러지듯 달리셨다. 그리고 명절이나 제사 준비를 할 때는 이것저것 짐을 많이 실어서 타지도 못하고 걸으며 끌고 다니셨다. 늘 아버지는 자전거를 소중하게 다루셨으며 외출에서 돌아오시면 그때마다 깨끗이 손질하고 닦아서 비도 맞지 않게 처마 밑 깊숙이 세워두고 간직하셨다.

세월이 흘러 탱탱하던 타이어가 물렁해지고 바퀴를 감고 돌던 체인이 느슨해지듯 아버지의 허리도 굽고 가늘어지셨다. 시간의 바퀴는 아직도 돌아가는데 자전거와 아버지 삶의 바퀴는 멈추고 말았다. 외출 때 늘 자전거 손잡이를 잡고 대문을 나가시던 그 멋쟁이 노신

사의 모습으로 금방이라도 빙그레 웃으시며 대문 열고 들어오실 것만 같다.

홀로 십여 년 동안 사랑채 처마 안쪽에 기대고 선 자전거 녹스는 줄도 모르고 오지 못하는 주인을 기다리고 있다. 녹이 쓴 만큼 먼지도 쌓였다. 손잡이와 안장에 먼지를 닦아주고 바퀴도 손으로 돌려보며 손잡이 옆의 종을 눌러 본다. 찌르릉찌르릉 옛날 아버지의 목소리를 듣는 것 같다.

*본명 이경애

너무 슬플 것입니다

우희정

언젠가 그가 나를 향해 심각하게 말했다.

"나중에 당신이 하늘나라에 왔을 때 먼저 가있던 내가 미처 알아보지 못하면 어떡하지."

나는 그 말에 담긴 의미심장함을 눈치 채지 못했다. 그러니 대답도 당연히 무심했다.

"걱정 말아요. 내가 기억하면 되지."

하지만 난들 어찌 기억을 장담할 수 있으랴. 이즈음에야 왜 그때 진지하지 못했는지 가슴이 아프다. 늦었지만 말을 번복한다.

"너무 슬플 것입니다. 당신이 나를 알아보지 못한다면…."

나는 굳이 죽은 뒤의 일까지 걱정할 필요가 없고 바로 지금이 평온했으면 좋겠다는 사람이다. 그러나 만약 어제까지만 해도 다정했던 사람이 갑자기 뜨악한 얼굴로 "누구시지요?" 한다면 그 황망함을 어쩔 것인가.

삶의 길에서 우리는 더러 참을 수 없는 고통과 부닥친다. 하지만 사람에겐 망각이라는 치유 방법이 있어 뼈가 녹을 것 같은 아픔도 시간의 흐름에 따라 점점 희미해진다. 몸서리쳐지는 고통이 처음과 똑같은 그 느낌 그대로라면 어이 살 수 있으랴.

그와는 달리 잊지 말아야할 기억을 잊는 것 또한 섬뜩한 일이다. 갑자기 머릿속이 하얗게 바래듯 기억이 깡그리 지워져버려, 그래서 가까운 이마저도 기억할 수 없다면 얼마나 허망할 것인가. 본인이야 자신이 처한 상황 자체를 깊이 인식하지 못하겠지만 가족들의 애끓는 심정은 말로 표현할 수 없을 것 같다.

대부분의 경우 치매에 걸린 사람은 어린 시절로 회귀한다고 나는 여겼다. 최근의 일은 깡그리 잊어버리고 까마득한 추억 속의 한부분만을 기억하여 엉뚱한 행동을 하는 경우를 더러 보았기 때문이다. 아슴푸레한 조각기억에 보퉁이를 챙겨 그 시절로 돌아가려고 길거리를 헤매고는 하여 가족들을 애태우지 않는가.

비록 영화였지만 속수무책으로 기억을 상실해가는 한 남자를 보며 가슴이 아팠던 적이 있다. 실력을 인정받는 유능한 광고기획자인 주인공은 일할 때는 엄격해도 평소에는 자상하여 동료들에게 인기가 높다. 무슨 일이든 완벽함을 내세우던 그가 어느 날 그답지 않게 중요한 일정을 까맣게 잊어버린다. 그로 인해 회사에 불이익을 끼친 그의 행동을 주변사람들 아무도 납득하지 못한다.

물론 본인의 당혹함은 말할 것도 없다. 기실 그것이 점점 기억을 잃어가는 과정임을 알게 되었을 때, 그의 절망감은 극에 달한다. 치매가 찾아온 것이다. 더 견딜 수 없는 일은 사랑하는 이에 대한 기억이다. 뜨겁게 사랑하며 함께했던 아내에 대한 기억마저 점점 희미해지는 것이다. 그가 아내를 향해 오열하는 장면에서 내 눈시울도 덩달아 뜨거워졌다.

"미안합니다. 당신을 기억할 수 없어서."

영화 속 주인공의 절규가 환청이 되어 귓가에 맴돈다. 들썩이는 어깨 위로 내려앉는 어둠의 그림자가 눈물겹던 정경처럼 만일 나와 가장 가까운 사람이 어느 날 갑자기 나를 알아보지 못한다면 내 심정은 어떨까.

"너무 슬플 것입니다. 당신이 나를 알아보지 못한다면…."

4.

감나무가 있는 풍경

감나무가 있는 풍경

공화순

친정에 갔다가 하얀 꽃이 탐스러운 벽오동나무를 발견했다. 언제 심었을까? 못 보던 나무다. 어릴 적 집 뒤에 커다란 오동나무가 있었다. 잎사귀를 우산처럼 받쳐 들고 뛰어다니며 놀고 연보랏빛 꽃송이에 황홀했던 오동나무는 내가 성인이 되기 전 팔려나갔다. 그 이후 오동나무를 다시 보기 어려웠는데 동네 어귀부터 반기는 것이 아닌가.

아버지는 생전에 나무를 좋아하셨다. 특히 과실수에 남다른 애정이 있으셨다. 우리 집은 감나무가 열 그루 이상 있어서 어릴 때부터 감나무를 타고 놀았다. 감나무는 늘 새 가지가 뻗어 꽃이 피고 열매를 달기 때문에 묵은 가지는 삭정이마냥 힘이 없다. 몇 번을 감나무에 올라가 떨어져 혼절했지만 나무타기를 무서워하지 않는다. 어려서부터 나무에 올라가 등을 기대고 누워있기도 하고 나무와 친구처럼 지냈기 때문이다.

아버지의 나무사랑이 내게도 자연스레 전해졌을 것이다. 꽃보다 나무에 관심을 기울이고 독특한 나무를 보면 신기하다. 큰 나무에 꽃들이 피어 있는 것은 더욱 그렇다. 오동나무를 비롯해 마로니에,

등나무, 아까시 등은 봄에 송이로 꽃을 피운다. 뒤이어 산딸나무, 때죽나무, 이팝나무, 고광나무, 층층나무 등은 초록 속에서 흰 꽃을 마음껏 뽐낸다. 그중에 올 이팝꽃은 유독 탐스럽고 아버지의 웃는 잇속처럼 환했다.

이제 가을로 접어드니 화살나무 끝이 붉어진다. 감나무에 감도 노랗게 불을 켜기 시작한다. 아버지는 감나무 중에서도 장중을 애지중지하셨다. 수확을 끝내고 땅이 얼기 전에 거름도 잊지 않으셨다. 감이 주렁주렁 매달리면 시골집 주변이 가장 아름다운 풍경화가 된다. 그 모습을 흐뭇하게 바라보셨을 아버지를 떠올린다.

아버지는 한쪽 다리에 의족을 하셨다. 무거운 의족을 평생 벗지 못하고 논과 밭에서 일을 하셨다. 비가 와도 쉬지 않으셨고 틈틈이 가축을 키우면서 나무를 심고 가꾸셨다. 친정에 가면 온갖 과실수가 그득하다. 어렸을 때 할아버지께선 잣나무를 애지중지했는데 평생 목수로 나무를 다뤘던 까닭이다. 단단한 잣나무는 가마니를 짜는 바디의 재료로 사용했다. 그 대를 이어 아버지 역시 목수의 일을 하시며 감나무를 심고 가꾸셨다.

동네에서 은행을 따는 일은 고스란히 아버지의 몫이었다. 그 많은 은행을 나무에 올라가서 따는 일은 쉬운 일이 아니다. 사람들은 어렵고 위험한 일은 다 아버지께 부탁했다. 불편한 다리로 동네의 궂은일을 하시는 게 못마땅해 말려봤지만 소용이 없었다. 지금 생각하면 마음은 아프지만 자랑스러운 일이었다. 팔순이 지나면서 기력이 떨어진 아버지는 일을 하다가 자주 다쳤다. 감나무에서 떨어지고 전기톱을 놓쳐 큰 상처를 입기도 했다. 그래서 가을걷이가 끝나면 한 번씩 병원 신세를 졌다.

이번에도 또 그러려니 했다. 하지만 아버지는 그 길로 아예 먼 길을 떠나버리셨다. 전날 밤에 비가 내려 미끄러운 감나무에 어쩌자고 올라가셨을까. 온몸에 파스를 붙이고 밤새 앓다가 엄마의 성화에도 아랑곳없이 감나무에 올라갔다고 한다. 가지를 쳐내며 감을 따던 아버지는 나무에서 떨어져 병원에 실려 갔지만 폐에 피가 고여 회복하지 못하셨다.

믿기지 않는 죽음 앞에서 모두 할 말을 잃었지만 시간이 지날수록 당신이 애지중지하던 감나무를 타고 먼 길을 가셨구나 생각하기로 했다. 남겨진 감을 따며 눈물을 훔치던 오빠는 빈자리를 내내 느끼며 아버지를 그리워하고 나는 감나무를 보며 아버지를 추억한다. 아버지가 안 계신 올 가을을 맞이하며 가을걷이를 끝내고 마지막까지 일하시다 감나무에서 생을 마친 아버지를 통해 우리네 삶을 되돌아본다.

가장 평범한 것이 가장 아름다운 순간이었다는 것을 아는 까닭에 올해도 어머니를 모시고 가족여행을 다녀왔다. 작년에 아버지도 함께했던 제주도 가족여행은 잊을 수 없는 소중한 추억이 되었다. 어머니도 이제 팔순이 되었으니 함께할 시간이 많지 않다. 만물이 결실을 맺고 가장 풍성할 때 가을걷이를 끝내고 홀연히 우리 곁을 떠나신 아버지를 애틋하게 기억하는 것처럼 어머니도 그러하길 바라고, 나도 누군가에게 그렇게 기억되고 싶다.

올해도 시골집 감나무에는 감이 주렁주렁 매달려 주황빛으로 물들어 간다. 마당 끝에서 모과와 대추가 익어가고 앞 논의 벼들도 노랗게 익으니 가장 아름다운 풍경이 된다. 그 속에 나도 가만히 들어가 본다.

여 름

황덕중

그때, 그 해 나의 여름, 삼팔선 마을 열세 살배기 소년의 여름은 너무나 참담했다.

신새벽이었다. 집이 무너지는 듯한 폭음에, 용수철에 튕기듯 솟구쳐 일어났다. 잠시 후 두 번째 벼락 치는 소리가 나면서 앞산 기슭에 있는 토치카가 박살이 났다.

인민군은 대포가 없는 것으로 알았는데, 그들이 포를 쏘아대다니! 지금까지 싸움이 벌어지면, 우리 국방군의 "텅 텅 텅!" 하는 믿음직한 '에무왕(M1)' 소리와, "두두둑 두두둑!" 하는 기관포 소리, 온 천지를 뒤집어놓는 듯한 박격포 소리에, 간드러진 "딱쿵 딱쿵!" 하는 소총 몇 방으로 응사(應射)하다가 쥐 죽은 듯이 꼬리를 감추던 인민군이었다.

사랑방 군인들이 안채 쪽문을 열어젖히며 소리 질렀다.

"인민군이야요! 인민군이 쳐내려오고 있어요! 빨리 피난가세요! 빨리요!"

그들은 투구와 총만 챙겨 가지고 밖으로 뛰어나갔다.

우리 식구는 모두 되는대로 옷을 갖춰 입고, 항상 머리맡에 놓고 자던 고무신을 챙겨 신고, 곤두박질로 안마당으로 나갔다. 할아버지와 아버지는 사랑방에 있는 군인 물품들을 훌 긁어다가 앞개울에 집어던지셨다.

우리 동네에서 북쪽으로 오 리쯤 되는 거리에 있는 삼팔선을 사이에 두고 아군(국방군)과 공산군(인민군)이 대치하고 있었다. 인민군은 그 삼팔선에서 500m쯤 북쪽에 있는 형제봉 고지에서 항상 우리 마을을 겨냥하고 있었고, 국방군은 삼팔선 남쪽 500m쯤에 있는 양쪽 두 봉우리에서 인민군을 경계하고 있었다. 그 두 고지를 지키고 있는 군인들은 우리 집 사랑방 두 칸에 기거하며, 우리 어머니가 해주는 밥을 먹으며 교대근무를 했다. 한 고지에 두 명씩 올라가 보초를 섰고, 네 명은 사랑방에서 쉬고 있었다.

나는 부모님들의 성화에 못 이겨 혼자서 남쪽을 향해 내달렸다. 집 앞 논 뜰을 지나 방금 전에 박살이 난 토치카 옆으로 해서 앞산을 기어올랐다. 뒤를 돌아보니 우리 식구와 함께 모든 동네 사람들이 하얗게 산을 오르고 있었다. 날더러 어여 먼저 가라고 연신 손짓을 해대는 부모님이 보였다. 맏이니까 다 죽어도 너는 살아남아야 한다는 그분들의 속내를 알아차린 나는 단숨에 산을 넘어 고습이라는 동네의 개골창에 고꾸라졌다. 정신을 차려서 지금 넘어온 산의 몇 배나 되는 큰 산을 오르기 시작했다. 뒤에서 들려오는 콩 볶는 듯한 총포 소리에 나의 발걸음은 더욱 빨라졌다. 내 열세 살 나이에 그처럼 다급한 일은 처음 당하는 것이었다.

길도 없는 험악한 산비탈을 가시와 칼돌에 찔리고 찢기며 중간쯤에 올라 체력의 한계를 느끼며 그냥 눈을 감고 쓰러져 버렸다. 총에 맞아 죽어도 할 수 없는 일…. 누군가가 나를 흔들어 깨웠다. 나는 이미 죽은 것인가, 눈이 뜨이지 않았다. 내 이름을 부르며 계속 흔드는 바람에 눈을 떴다. 뜻밖에도 우리 사랑에 있는 양 일등병과 이 하사였다. 나에게 총 쏘는 방법도 가르쳐주며 나를 귀여워하던 형 같은 군인들이었다. 그들은 아무 말도 하지 않고 다급히 나를 꺼들어 일으켜 이끌고 산 정상을 향하여 치달았다. 죽지 않으려면 산을 넘는 수밖에 없다. 빨리 산을 넘어야 샘밭을 지나 소양강을 건너서 춘천읍으로 간다. 그래야 산다. 춘천, 묵언의 목적지였다.

총성이 더욱 가까워졌다. 바로 뒤통수에 총알이 박힐 듯이 가까워졌다. 우리는 내 정신이 아니게 훌달려 정상에 다다랐다. 총알을 피하기 위해 산등성이 남쪽에 은신했다. 산 아래 샘밭 마을을 내려다보니 이미 인공기가 펄럭이는 인민군 오토바이와 말을 탄 기병들이 보였다. 우리는 이미 포위당했다.

그 해, 1950년 나의 여름은 이렇게 참담하게 시작되었다. 그래도 나는 살아남았다.

그 산 정상에서 사흘을 물과 음식 없이 견뎌냈다. 아무 풀잎이나 열매를 뜯어서 질겅질겅 씹었다. 바윗돌을 타고 방울져 내리는, 흙먼지가 섞인 물방울을 혀로 핥아 갈증은 달랬다. 내 오줌을 받아서 입술을 축이기도 했다. 더는 못 참겠어서 야음을 타서 계곡으로 내려갔다. 앞서 가던 이 하사가 나직이 말했다. "감자다!" 우리는 감자를 뽑아 흙도 제대로 털어내지 않고 몇 개씩이나 우적우적 씹어 먹었다. 아사는 면했다.

어둠 속에서도 감자밭 옆에 있는 농가가 보였다. 조심조심 접근하여 빈 집인 것을 확인하고 사립문 안으로 들어가서 부엌을 뒤졌다. 먹을 게 아무것도 없었다. 뒤란으로 돌아가니 처마 밑에 동이가 하나 보였다. 오줌동이인 것 같았다, 지시랑물이 가득 고여 있었다. 우리는 그것을 번갈아 들고 배가 미어지도록 물을 마셨다. 맛이 어땠는지는 기억에 없다.

그러고 다시 산 위로 올라가서 포만감과 심한 피로를 이기지 못하여 깊은 잠에 빠지고 말았다. 몸이 너무 근질거려서 잠이 깨었다. 개미를 비롯한 각종 벌레들이 얼굴의 구멍마다 사타구니의 틈새마다 들어붙어서 간질이고 있었다. 옷을 벗어서 털어 입었다. 여름 벌레들이 우리를 영면에서 깨운 것이다.

산 아래를 내려다보며 하루를 보냈다. 저녁때가 되니 남쪽으로 피난을 나가던 사람들이 마찻길 가득이 되돌아오고 있었다. 소양강을 사이에 두고 전투가 치열하게 전개되고 있는 것을 총성과 포성으로 알 수 있었다.

이 하사와 양 일등병은 나의 어깨에 손을 얹고 조용히 말했다.

"우리는 어떻게 하든지 저 소양강을 건너서 남쪽으로 가야 한다. 너는 산을 내려가서 얼른 저 피난민들 사이에 끼어서 집으로 돌아가거라."

나는 눈물을 펑펑 쏟으며 그들과 이별했다. 어둑어둑해지는 산비탈을 내려가서 되돌아오는 피난민들 사이에 끼어들어 걸었다. 어두워지자 마을 입구에 있는 농가에 들어가서 사정 이야기를 하고 밥을 얻어먹었다. 그 자리에 쓰러져서 바로 깊은 잠에 빠졌다. 아침에 일어나서 그 집 앞 도랑을 가로타고 서서 세수를 했다. 닷새 만에 하는 세수였다. 첫여름의 상쾌한 공기와 시원한 도랑물로 생기를 되찾았다.

조반을 얻어먹고 내 고향 송암리 재골을 향해 걸었다. 싱싱하게 자라는 온 들판의 벼가 바람에 물결치고 있었다. 양지바른 산비탈의 아까시 꽃향기가 나의 긴장감을 한결 안정시켜 주었다. 온 산의 떡갈나무와 소나무들은 찬연한 햇빛을 받으며 짙푸른 이파리들로 춤바다를 연출하고 있었다. 그 유월의 푸르름은 찢기고 지친 나의 심신을 감싸주는 어머니 품이었다.

집에 당도하니 할아버지는 천연덕스럽게도 마당에 보리를 널어놓고 도리깨질을 하고 계셨다. 전쟁은 간곳이 없는 평화로운 마을 풍경이었다. 마을 뒷산에서는 뻐꾸기 소리가 골마을을 가득 채우고 있었다.

여름! 여름이니까 나는 그 전쟁 틈바구니에서 살아남을 수 있었다. 새로 피어오르는 풀잎과 나뭇잎을 깔고 덮고 잘 수 있었고, 빗물을 받아 목을 축여 갈증을 면할 수 있었고, 풀잎과 덜 익은 열매라도 먹을 수 있었고, 감자도 캐 먹었고, 처마 밑의 지시랑물이나마 실컷 마실 수 있었다. 도랑물에 시원하게 세수를 할 수 있었고, 아까시 꽃향기와 푸르른 떡갈나무 잎과 솔숲의 싱그러움에 지친 심신이 기운을 차렸다. 보리타작하시는 할아버지와 꾀꼬리 노랫소리에 전쟁을 잠시나마 잊을 수 있었다. 그래서 살아났다.

여름은 뭇 생명들의 활력을 활짝 '열음'이고, 생명들의 먹이인 '열음'을 맺는 계절이다. 그것은 처절한 전쟁의 포화 속에서도 마찬가지였다.

빼앗긴 스낵 봉지

- 하이난 섬에서 원숭이와의 조우

박정미

별밤에 하이난 싼야시에서 삼아만 야경을 관광하기 위해 별빛 유람선을 탔다. 유람선 실내에 있는 대형 홀 안은 승선표에 있는 번호를 추첨해 선물을 준다고 시끌벅적하다. 관광객 대부분은 중국인이다. 우리 가족은 좀 더 한적한 곳을 찾아다녔다. 노래방 큰 홀은 중국인 가족 20여 명이 독점하고 마이크를 들었다놨다 한다. 노래 부르는 가락도 춤을 추는 흥겨움도 연예인 못지않은 실력이다.

우리는 선상 3층 야외에서 밤하늘의 별을 세고 있다. 은은한 별빛은 아득했지만 인위적으로 별을 쏘아올린 불꽃축제는 아름답고 화려했다. 삼아만 주변에 즐비한 높은 빌딩들은 오색찬란한 네온사인 레이저 덕분에 빌딩 전체가 예술이다. 한 시간 남짓 유람을 마치고 늦은 밤 싼야시에 있는 숙소로 왔다. 오늘은 하이난 여행 이틀째 되는 날이다.

우리 부부는 아들네 식구와 함께 중국의 하와이라 불리는 하이난 섬에 여행 왔다. 하이난 섬은 중국에서 타이완을 제외하고 가장 큰 섬이다. 이곳 날씨는 9월인데도 한여름 찜통더위이다. 하이난 섬은 세계 2대 청정지역으로 중국 유일 아열대지역이다. 열대성기후는 일년 내내 덥고 습한 날씨다.

사면이 바다로 둘러싸인 하이난 섬은 중국 속의 또다른 중국 '해남도'라고도 칭한다. 땅의 면적은 제주도의 17배라고 한다. 야자수가 무성한 열대우림, 아름다운 해변, 이국적인 멋이 물씬 풍기는 즐길 거리가 많은 섬이다. 하이난 섬은 중국과 동남아 각국이 서로 교류하는 관문이며 해상교통의 요지이다. 더군다나 한국은 비자 면제국이다. 편하게 여행할 수 있는 섬이다.

여행 나흘째 되는 날 세계 유일의 원숭이 섬, 원숭이 마을을 찾아갔다. 바다 위를 오고가는 오픈된 해상 케이블카를 타고 갔다. 해상 케이블카는 약간의 고공 공포증도 있어 두렵기도 했지만 지나고 나니 스릴이었다. 바람이 반기는 바다 위에서 탁 트인 '대동해 해변'을 조망했고 수상가옥도 구경하면서 갔다.

원숭이 마을에 도착하자마자 가이드는 몇 번이고 주의사항을 강조한다. 첫째 원숭이와 절대 눈을 맞추지 말 것. 둘째 가방이나 지갑에 있는 소지품을 꺼내지 말 것. 셋째 손에 폰을 들지 말 것. 넷째 음식물을 주지 말 것 등등…. 이 규칙을 어기면 벌금을 내야 한다 했다. 원숭이는 영특한 포유류 동물이다. 가이드를 따라가는 길은 원숭이들의 자연 속 생활을 눈요기하기에 좋았다. 그저 무심한 척 걸었다.

작은 실개천을 지나가는데 어미들은 자식을 등에 업고 가기도 하고 가슴으로 안고 가기도 한다. 모성애는 인간의 세계와 다를 바가 없다. 많은 식솔들을 거느리고 다니는 모습이 재미있고 정겨워 보였다. 이곳 원숭이들은 야생에서 자기들의 터전을 마련해놓고 대자연의 자유를 만끽하면서 살고 있다. 원숭이들 사는 터전을 지나오다가 문득 동물원에 갇혀 사는 원숭이들이 떠올랐다. 갇혀 사는 원숭이들이 가엾게 느껴졌다.

실내 무대가 있는 간이 건물로 우리는 입장했다. 자리에 앉아 사방을 둘러보니 무대 높은 곳에도, 구석진 곳에도 원숭이들이 주인인 양 자리하고 있다. 야생에서 사는 원숭이들은 갇혀 사는 원숭이들보다 훨씬 날렵하고 힘도 세고 사납다고 한다. 왠지 스산해지고 온몸이 오글거린다.

이 마을에는 원숭이 1800여 마리가 살고 있다 한다. 원숭이 쇼가 시작되기 전 틈새시간을 이용해 가훈을 써준다는 명목으로 서체 시범을 보이고 있다. 이름 있는 작가는 아닌 듯한데 즉석에서 가훈 쓰는 필체가 예사롭지 않다. 돈을 지불하고 즉석에서 가훈을 써가는 관광객도 많았다.

드디어 조련사가 원숭이들을 데리고 무대로 나온다. 조련사는 열심히 원숭이에게 뭔가를 시키는데 원숭이는 능청스럽게 딴청만 부리고 뺀들거리기만 한다. 자전거를 탈 때도 그랬고. 우이독경이다. 그럴 때마다 관객들은 박장대소 했다.

그때 난 무심결에 작은 배낭 지퍼를 열고 '양파깡 스낵 봉지'를 꺼냈다. 봉지를 뜯을려는 찰라에 원숭이 한 마리가 잽싸게 달려와 낚아채 가버렸다. 옆에 앉아 있던 남편도 깜짝 놀라 하는 말 "많이 놀랐재." 한다. 순간에 일어난 사건이라 놀래기도 했지만 오히려 후련함 같은 걸 느꼈다.

안도의 숨을 크게 쉬고, 과자봉지 든 원숭이를 찾아보았다. 높은 곳에 앉아 먹느라 신이 났다. 그 모습이 어찌나 우스꽝스럽던지. 실실 웃음이 나왔다. 왠지 얌체 짓을 한 그 원숭이는 밉지만은 않았다. 보면 볼수록 귀여웠다.

난 동물보다 식물을 좋아한다. 난 원숭이도 좋아 하지 않는다. 동물들의 잡히고 먹히는 그 치열한 생존경쟁의 삶이 싫다. 그러나 오늘 만난 원숭이는 깜찍했고, 우리에게 통쾌하게 날렵한 재주를 보여주었으니 밉지가 않았다.

하지만 그 '빼앗긴 스낵 봉지'는 또 한 번 겪은 나의 '순간적 망각'이었다. 그 망각의 트라우마로 마음이 울적했다. 20여 년 전 새 집을 지어 이사 왔는데 전에 살던 집과 구조도 다르고 크기도 달라서 가스 불에 음식을 올려놓고 자꾸 태웠다. 이사 온 지 석 달 만에 망각의 세계에서 TV를 켜 놓고 친구와 전화로 수다를 떨다 큰 일 낼 뻔한 사건도 있다. 겨울이라 창문을 꼭 닫고 사골로 곰국을 만든다고 큰 솥에 사골뼈를 넣고 물을 붓고 센 불로 끓이다가 '순간적 망각'에 빠졌다.

2시간짜리 통화를 종료하고 방문을 열고 나와 보니 주방은 온통 연기로 자욱했다. 어찌나 놀랬는지 눈앞이 깜깜했고 발이 떨어지지 않았다. 집안에 창문을 다 열어 놓고 한숨 쉬고 있는데 지나가던 젊은 청년이 일부러 우리 집을 찾아왔다. 밖에서 보니 집에서 연기가 나던데 괜찮으냐며 걱정 돼서 왔단다. 정말 민망하고 부끄러웠다. 배려심 깊은 젊은이에게 고맙다는 인사만 했다.

그때부터 내가 할 일은 태산 같았다. 망각의 세계가 나를 그토록 고통스럽게 했다. 불이 나기 직전까지 갔으니 온몸이 부들부들 떨렸다. 그나마 천만다행이었다. 그저 감사에 기도를 수없이 하며 나를 진정시켰다. 엄동설한에 환기를 시키느라 창문을 활짝 열어 놓고 벌벌 떨었던 기억이 새롭다. '순간적 망각'은 끔찍했다.

그날 이후 막내딸이 안방 화장대 거울에 "잠깐만!" "주방에 가스 불은?" 이 짤막한 멘트를 붉은 글씨로 써서 붙여 주었다. 항상 이곳을 주시하라고. 그 후론 그런 일은 없었다. 몇 년 전 막내딸이 '가스 시간조절기'를 선물로 주어서 남편이 설치해 놓았다. 이젠 안심이다. 다행히 조절기는 정확하게 가스 불을 꺼 주니까.

원숭이 쇼 공연이 끝나고 퇴장하는데 가이드가 웃는다. "많이 놀라셨죠?" 한다. 난 미안하다는 말 밖에 할 말이 없었다. "벌금 낼까요?" 했더니 안 내도 된단다. 함께한 우리 일행 분들에게도 미안했다. 손녀 예은이도 손자 민재도 걱정 많이 했다며 할머니를 위로한다. "고맙다. 예은아! 민재야!"

저녁 식사 때 일행 분들의 식탁 위에 맥주병을 넉넉히 올려놓았다. 심려 끼쳐드려 죄송하다는 인사와 함께. 모두들 화들짝 웃었다. 난생처음 원숭이 마을에 가서 '순간적 망각'으로 원숭이와 조우했고 나는 또 한 번의 실수로 경각심을 얻게 되었다.

변수

김대수

우리는 저마다 푸른 바다에 떠 있는 아름답고 평화로운 섬을 동경한다. 싱싱한 해산물은 손님을 끄는데 단단히 한 몫 한다. 섬 지역을 찾는 방문객들에게는 교통수단이 중요한 요소 중 하나다. 육지에서는 버스, 택시, 승용차, 전철 등 어디든 다양한 교통수단이 연계되어 있으나 섬은 오로지 바닷길뿐이다.

바닷길은 짙은 안개 높은 풍랑 등의 영향을 받는다. 아무도 예측이 어려운 갑작스러운 기상변화는 간혹 방문객을 당혹하게 만들기도 한다. 그뿐인가, 인간의 힘으로 어쩔 수 없는 예기치 못한 일들이 발생해 낭패를 당하기도 한다. 섬을 방문할 경우 며칠 머무를 예정이라면 미리 일기예보를 알아보는 것이 좋으리라. 조건이나 환경과 관계없이 언제나 일정한 크기를 가지는 상수와 달리, 조건의 변화에 따라 반응하며 그 크기는 변할 수 있는 때가 있다. 섬 나들이는 가끔 변수가 등장한다.

하루에 한 번 운항하는 여객선은 연평도에 도착하여서 한 시간 후에 다시 출항한다. 큰 섬에는 택시가 있으나 연평도처럼 작은 섬에는 없다. 대부분 공용버스를 운행하고 있으나 교통 사정은 불편한 편이다. 감정평가 할 내용은 한 필지의 토지와 그 지상에 있는 주택이다. 물건이 간단하고 선착장에서 멀지 않은 간선도로변에 있음으로 당일치기가 가능할 것 같다. 짧은 시간에 일을 마칠 수 있도록 미리 토지대장, 지적도, 토지이용계획확인원, 건축물관리대장 등을 조사하여 토지의 위치, 형상, 면적, 도로 조건과 용도지역 등 도시계획 관계를 알아보고, 건물의 용도, 층수, 구조, 면적, 사용승인일까지 자세하게 파악하고 길을 나섰으니 감정평가 대상 물건이 눈에 보이듯 선하였다.

이른 출항 시간에 늦지 않도록 부지런히 움직인 덕에 무사히 여객선에 승선할 수 있었다. 승선 정원이 오백 명 이상인 커다란 배는 정시에 출항하였다. 승객 중에는 육지로 보낸 자녀를 만나고 섬으로 되돌아가는 부모, 휴가를 마치고 귀대하는 군인, 군대에 있는 자녀나 애인을 면회하러 가는 사람, 나랏일을 하는 공무원, 개인적인 일을 보러 가는 일반인과 삼삼오오 섬 구경을 나선 여행자 등 승선 목적이 다양하리라. 여객선 창밖으로 코발트 빛 망망대해가 펼쳐진다. 어민도 어선도 보이지 않는 쪽빛 바다는 너무나 평화롭고 호수처럼 잔잔해 마치 거실에서 쉬고 있는 느낌이었다.

좌석 앞의 텔레비전을 시청하다가 카톡 문자를 읽고, 또 현장 조사 계획을 재검토해보니 잘 될 것 같은 느낌이 들어 흐뭇하였다. 조용하던 선실에 갑자기 안내방송이 들렸다. 급한 환자가 발생하여 회항하여 환자를 하선시키고 목적지로 다시 간다는 것이 아닌가. 여객선은 이미 삼십 분 정도 항해를 하고 있었다. 환자가 발생하였다니 안타까운 일이다. 한 시간은 지연될 것 같다. 당초 계획했던 일이 제대로 될 수 있을는지 걱정이 앞섰다. 몸이 불편한 중환자라면 두 시간여 가야 하는 먼 바닷길이므로 애초 승선하지 않는 것이 옳았지 않았을까.

회항은 암 수술을 하고 요양하던 환자가 다소 호전되어 통원치료가 가능하다는 주치의의 말을 듣고 집으로 가는 중에 생긴 일이었다. 괜찮을 것으로 생각하고 승선했던 것이나 갑자기 찾아온 통증으로 참을 수 없어 회항해 달라고 호소한 것이었다고 한다. 우리는 혼자가 아닌 공동체의 일원으로서 살고 있다. 본인의 행동이 다수의 타인에게 피해를 주어서는 안 될 일이다. 오늘 환자는 많은 승객의 일정 계획에 차질을 주었고, 시간적 경제적 손실을 주는 결과를 초래했다. 피해를 준다는 사실을 알면서도 어쩔 수 없이 호소했을 것이다. 만약 나 역시 그런 일을 당했다면 같은 절차를 밟았을 것이다. 생각해 보면 우리가 살아가면서 겪을 수 있는 어쩔 수 없는 또 하나의 변수가 아니겠는가.

많은 승객이 탄 배를 되돌릴 정도의 위급한 환자라면, 미리 구급차를 대기시켰을 것으로 생각하였다. 수많은 승객이 타는 여객선이므로 이 정도의 환자를 돌볼 의료준비가 되어있어야 하는 것이 아닐까. 연안부두에 도착하여 사방을 둘러봐도 구급차는 보이지 않았다. 환자 당사자는 너무 괴로워서 그랬는지 미안하다는 인사도 없이 천천히 밖으로 빠져나갔다. 말 한마디에 천 냥 빚을 갚는다는 속담이 있다. 이 많은 사람에게 미안하다고 한마디 하였더라면 얼마나 좋았을까. 섬 주민들은 도착 시각이 조금 늦어지고, 여타 사람에게는 용무 혹은 여행에 차질이 생기더라도 충분히 이해하고 양해해야 할 일이 아니겠는가. 배는 다시 목적지를 향해 뱃머리를 돌렸다.

여객선은 예상대로 한 시간가량 늦게 도착하였다. 한 시간 지연되면 출항 시간도 그만큼 연장하는 것으로 알고 있었다. 배는 물때를 고려해야 하므로 이십 분 여유를 주고는 바로 출항한다는 것이다. 이 짧은 시간에 현장 조사는 사실상 불가능하다. 금쪽같은 시간을 아끼기 위해 미리 준비했던 많은 것들이 수포가 되는 순간이었다. 일분일초가 아까운 소중한 시간이었는데 이렇게 헛되이 낭비하다니 어이없는 일이었다. 신경을 써서 짠 계획에 차질이 생기니 마음이 편치 않았다. 어찌하겠는가, 다음날 출항할 수밖에 없게 되었다. 사정에 따르기로 하니 다소 헝클어졌던 마음이 차분해지고 안정되었다. 세상살이에 너무 서둘지 말고 형편에 따라 순응하면서 보람 있고 즐겁게 살라는 신호로 받아들였다.

다음 날 오후 세 시에 출항하니 얼마나 여유가 많은가. 갑자기 시간 부자가 된 것 같다. 느긋하게 현장 조사를 할 수 있게 되었다. 사진 촬영은 필수다. 정면은 도로가 넓어 촬영에 불편이 없었으나 후면은 도로가 좁아 불편했다. 옆으로 길게 비스듬히 촬영할 수밖에 없었다. 주인의 안내로 건물 내부를 조사하였다. 잘 운영하던 사업이 경기가 나빠지고 더구나 집안에 우환이 생겨 위기를 맞았고 결국 경매까지 당하게 되었다고 한다. 가슴 아픈 사연이었다. 사업 시작은 신중해야 하리라. 우리의 삶은 한 치 앞도 내다볼 수 없는 게 인생이다. 세상일은 모두 뜻대로만 되지 않는 변수를 안고 살아가는 것 아닌가.

눈앞에 펼쳐진 확 트인 바다, 점점이 보이는 크고 작은 섬, 나뭇잎처럼 바다 가운데 떠 있는 배를 바라보면서, 신선한 공기를 마시며 하룻밤 묵을 민박집을 찾았다. 캔맥주와 오징어포를 안주로 벗삼아 하루 일을 되새겨 본다. '진인사대천명'이란 생각이 들었다. 바닷물은 바위에 수없이 몸을 부딪쳐 시퍼렇게 멍이 든 것 같다. 배위에서 통증을 일으킨 환자의 신음인 듯, 사업실패자의 오열인 듯 파도 소리가 아프게 찰싹인다.

어이, 친구

황덕수

넉 달 후의 만남을 제안하는 글이 올라왔다. 너무 긴 시간인 듯했다. 무더운 더위를 보내고 태풍의 예보 속에서도 그날은 찾아왔다. 천년의 고찰, 내소사와 채석강으로 경관이 수려한 곰소에 자리를 잡았다. 동해 울산 '간절곶'의 일출 햇살 잡아 한반도 가로질러 이곳 서해 노을 진 바다의 황혼빛을 안겨준 친구는, 불원천리 달려왔건만 힘든 기색이 없다. 졸업 후 처음 만나는 친구와 손을 내밀고 악수를 하지만 이름이 기억나지 않는다. "어이! 친구! 나, ○○야" 하고, 이름을 밝혀도 옛 시절 모습이 떠오르지 않는다. 그러나 그게 대수롭지 않다. 그저 '야, 너' 하며 기억 속에 간직했던 옛 추억담이 노적(露積)을 이룬다.

얼마 전, 친구가 "야! 넌 누구야?" 하고 물으니, "나, 강○수야." 라고 대답했다 "야! 임마, 강○수는 우리 선생님이고 네 이름이 뭐냐고!" "아니, 내가 강○수라니까." (아차!) 함께 동행한 친구가 "야, 임마! 이분이 그 강 선생님이셔!!" 하니 그때서야 화들짝하고 놀라,

"몰라봐서 죄송합니다." 하며 큰절을 올렸다는 말에 박장대소했다.

이들이 누구기에 60여 년 흘러 처음 만났는데도 이렇게 격의 없이 반갑기만 하고 얼싸 반겨주는 것일까. 철없고 코 흘리던 시절, 초등학교 동창이라는 죽마지우(竹馬之友) 관계가 이렇게 기쁨을 주지 않는가. 어디 그뿐인가, 친구에게 무슨 맛을 선보일까 고심하며 며칠 밤낮을 준비해 만들어 온 갖가지 음식은, 그 옛날 추억 속에 묻혔던 '바로 그 맛'을 끄집어내는데 부족함 없는, 바로 우리 어머니의 손맛이었다.

스물두 명 참석자 중에 세 목회자가 있어 그중 한 목사님의 기도로 '우리 만남과 미래의 축복을 간구하고, 저 세상 친구들의 안식'도 기원했다. 모두가 같은 종교가 아님에도 함께 기도하는 모습이 참 흐뭇했다. 숙연한 가운데 회장의 인사가 이어진다. "염원했던 해방을 맞고 난 후, 어수선한 시절 태어나 한참 귀여움을 받고 자라야 할 나이에 또다시 6·25라는 민족상잔의 비극적 시기에 공포와 배고픔과 가난의 시절을 보내며 성장했던 우리들…." 과거를 회상하며, 오로지 앞만 보고 살다 보니 여행은커녕 잠시 쉴 여가도 없이, 일에 묻혀 친구의 안부도 제대로 묻지 못하고 살았다는 말에 가슴이 찡하며 눈시울도 붉어졌다.

백세의 노(老)철학자의 말씀도 인용한다. '육십 중반에서 칠십 중반 나이가 그래도 인생의 참 맛을 느끼는 시기였다'는 그분의 경험에 비춰보니 우리가 딱 그 시기인 듯하단다. 그러니, 건강관리 잘하며 자주 만나 즐겁게 지내자는 말에 모두가 화답의 박수를 보낸다.

그렇다. 우리가 어떻게 살았는가. 지금 어렵다고 한들 과연 그때와 같았을까. 이렇게 풍족한 생활 속에 첨단 문명의 맛을 보며 살리라는 것은 상상도 못했다. 오늘날과 비교란 매우 어리석다. 돌아보니 고생의 흔적은 모두가 추억의 스토리를 이뤄 지금 이 시간 기쁨을 생산하지 않는가. 생각하면 생각할수록 눈시울이 뜨거울 정도로 고맙고 감사한 일이다. 지금껏 건강을 유지하여 옛 친구를 만나 즐겁게 이야기하는 이 순간이 곧 축복임을 느낀다.

못다 한 이야기를 뒤로하고 추억을 선물로 가득 담아가는 친구들의 환한 모습이 아름답고 행복해 보인다.

머리방에서 생긴 일

- 초기치매 할머니

李純子

두 달마다 어김없이 미장원에 간다. 설 명절을 열흘 앞둔 토요일이다. 50년 지기 친구 K가 사전에 예약해 놓았다. 남편의 뒷바라지로 힘겨운데도, 어찌 그리 매사에 정확한지 빈틈이 없다. 때마다 약속을 잊어버리는 나를 나무라지도 않고 챙긴다. 엄벙덤벙 사는 나, 황송한 마음으로 동행한다. 그녀에게 치매는 접근하지 못할 것 같다.

머리카락도 늙는다. 계절이 늙으면 겨울이 오고, 겨울이 오면 눈이 내리듯이 그렇게 까맣고 숱 진 머리털이 빠지고 하얘진다. 나목의 겨울 숲처럼 성긴 머리털은 가늘고 힘이 없다. 아무리 좋은 샴푸로 감아도 윤기는 고사하고 탄력이 없다. 세월의 폭탄 맞아 자지러진 모발을 추스르고 다듬기 위해 미장원에 가지 싶다.

우리가 다니는 머리방은 친구가 오래전에 생의 황금기를 보낼 때 단골로 다녔던 미장원이다. 일산으로 이사하고 현직에서 퇴임한 지 오래됐지만, 우정 서울 강서구 목동에 있는 그 미장원에 간다. 갈 때마다 '왕자미장원'이란 간판의 이미지 때문인지 나이 많은 공주 고객이 찾아와 성황을 이룬다. 오랫동안 그 자리에서 영업하는 원장도 나이를 먹고, 단골손님도 어지간하게 나이 든 여자 노인들이다. 미용실 원장의 기술적 노하우도 있지만, 손님들과 후덕한 대화로 소통하는 매력이 고객을 끄는 것 같다.

오전 10시 반으로 예약하고 갔지만, 우리보다 먼저 온 사람이 넷이나 있다. 한 사람은 파마머리로 이미 말아 놓고, 흰색이 많이 섞인 또 한 사람의 머리를 말고 있었다. 60대 중반쯤 되는 여자는 머리카락을 자르고 다듬으려 한다고 기다리고 있었다. 또 예약 없이 멀리서 처음 온 사람은 마냥 기다릴 수 없다고 난처한 얼굴을 하고 있었다.

그도 그럴 것이, 한 사람이 머리카락에 염색이나 코팅하는 데 30분이 걸리고, 파마하려면 컬을 말고 약을 칠한 뒤 머릿결의 상태에 따라 1시간~1시간 반 이상을 놓아둔다. 그리고 중화제를 바르고 또 15분 기다렸다가 컬 감은 막대기를 풀고 머리를 감는다. 그다음 머리카락을 말리고 다시 다듬고 완성할 때까지 족히 3시간 이상이 걸린다.

예약한 덕분에 우리가 먼저 염색과 파마를 시작했다. 내가 먼저 그다음에 친구가. 원장은 손님이 온 차례로 시차를 두어 염색과 파마 작업을 착착 진행한다. 시간을 알뜰하게 유연하게 사용하여 손님들이 원하고 어울리는 머리를 해준다. 나이 든 사람들의 취향을 잘 맞추는 기술이 여간 아니다. 그래서 동네 사람은 물론 이사 가서 사는 사람들도 불원천리로 이 미장원을 찾는가 보다. 우리가 머리칼에 코팅 염색을 하는 사이, 70대가 넘어 보이는 여자 노인 넷이 연이어 왔다. 설 명절이 다가오니 용모를 다듬어야겠다고 생각하고 왔지 싶다.

그중에서 하남에서 온 할머니는 중년 남자가 모시고 왔다. 그 할머니의 막내아들이란다. 원장이 반긴다. 그 남자는 계면쩍어하며 "우리 엄마 잘 부탁해요, 원장님. 파마 끝나면 모시러 올 테니까요." 한다. 그러자 그 할머니가 "내가 어디로 갈까 봐? 집 못 찾아갈까 봐?"라고 대꾸한다. "아이, 엄마 또 그 말 하네.", "열 번 아직 안 했어. 열 번 아직 안 했어." 한다. 미장원 안에 있던 손님 모두 그 모자의 연극 리허설 같은 장면에 시선이 집중된다. "걱정하지 말아요. 어머니 꼭 붙들어 놓을 테니 가서 볼일 보고 오세요."라는 원장의 말을 듣고 나서야 그 남자는 인사를 하고 미장원을 나갔다.

"할머니, 이름과 전화번호 말씀해 보세요." 원장이 묻는다. 또박또박 분명하게 이름과 전화번호를 말한다. "아, 안 잊고 계시네! 대단해요." 원장이 칭찬한다. "또 말해? 김○○, 010-○-○", "됐어요, 됐어", "열 번 아직 안 했어." 말리지 않으면 열 번을 말할 것 같았다.

나이가 90살이라는데 목소리가 명쾌하고 발음도 정확하다. 허리도 굽지 않고 걸음걸이도 반듯하다. 그런데 외출했다가 집을 못 찾아오는 일이 잦아졌단다. 심지어 언제인가는 미장원에 와서 화장실에 갔는데 돌아오지 않아서 소동이 난 적도 있다고 한다. 치매가 온 것이다.

차례를 기다리면서 자연히 여러 가지 이야기의 향연이 벌어진다. 오래전부터 친숙한 사이들처럼 허물없이 별별 수다가 머리방을 채운다. 사는 이야기, 정치인 이야기, 건강과 병에 관한 이야기 등이 화제에 오른다. 오늘은 90세 할머니의 특별 출연으로 수다가 다른 방식으로 전개된다. 가운을 입고 거울 앞 작업대 의자에 앉은 할머니는 또 자신의 이름과 핸드폰 번호, 집 전화번호를 또박또박 말한다. 길을 잃어도 걱정 없게 됐다고 원장이 칭찬하자 환하게 웃었다.

누군가 누구하고 사느냐고 물었다. 작은아들이 살갑고 좋은데, 작은며느리가 힘들다고 하며 큰집으로 가라고 했다고 한다. 그래서 외국에서 살다 온 큰아들네에서 산단다. 큰며느리가 밥을 주면 밥 먹고, 죽을 주면 죽을 먹고 말 잘 들어야 한다고 했다. 보태준 것 없고 보태줄 것 없으니, 더는 바라지 않는다면서 거울 속 자신을 보고 웃는다. 딸도 이 아들 저 아들네로 왔다 갔다 하지 말고 계시던데 계시라고 한다며 "계시던데 계셔."라고 계속 중얼거린다. 원장이 그만하시라고 하자 "열 번은 아직 안 했어." 한다. 듣는 이 모두 웃었다.

90세인데도 어찌 그리 젊어 보이고 건강하시냐고 또 누군가 묻자 "나 평생 살면서 내 몸에 스스로 보태준 것 없이 늙었는데…."고 했다. 아무렇지도 않은 듯. 평생을 자식들에게 헌신하고 자신은 얼마나 돌보지 않고 살았는가를 생각하니 코끝이 찡했다. 누가 무슨 말을 하든 어떻게 대하든 그러려니 한다는 할머니. '내 마음은 그게 아니야'라는 마음의 소리를 감춘다는 90세의 할머니. 정말 치매에 걸린 걸까? 인생을 달관한 아직은 내가 미치지 못하는 도에 이른 어른 같다.

분명 자신의 기억력이나 언어능력이 감퇴 되고 있음을 인식하고 있다. 그래서 자신의 의지로, 퇴행의 진행을 늦추고 재활의 훈련을 스스로 하는 것이다. 담담하고 당당하게 자신의 생을 사랑하는 눈물겨운 몸짓인 것이다.

비록 순간적으로 익숙한 곳에서 길을 잃어 헤맬 때가 있을지라도 "열 번 아직 안 했어."라는 화두를 놓지 않고 있다면 무사히 길을 찾게 될 것이라고 믿는다. 병들고 낡았지만 삶을 사랑하는 자존감이 살아있는 한 말이다.

귀갓길 행주대교를 지날 때는 서쪽 하늘이 붉게 물들고 있었다. 머리하는데 하루를 꼬박 썼지만, 머리방에서 90세의 멋진 노선(老仙)을 만났으니 아깝지 않은 하루다. 머릿결뿐 아니라 몸과 마음의 건강까지 다듬어서인지 저녁놀이 유난히 아름답게 보였다.

두 번째의 고별

이문자 (이림)

염치없는 세월을 살았으니 힘들어도 선영까지 오를 참이다.

내 삶의 모태였던 생가 울타리를 지난다. 주인장이 바뀐 지 두어 번은 강산이 변한 세월. 가슴이 두방망이질이다. 무시로 꿈에서 노니는 집이지만 그 그리움 속으로 들어설 수 없는 아픔에 명치가 아리다. 이번 걸음까지 친다 해도 다섯 손가락에도 못 차는 불효였으니 염치없는 노릇이다. 저 유택에서 미덥지 못했던 여식을 기다리셨을 내 어머니, 급한 경사가 아님에도 눈물 반 콧물 반이 되어 묘소 앞에 퍼질러 앉는다. 다리 성할 땐 무얼 하다가 이리 힘들게 왔냐는 책망이실 듯. 이 나이에까지 온 딸자식을 알아보실까. 여의치 못한 무릎까지 빼닮아 '엄마'를 불러놓고 목이 멘다. 그간의 불효를 용서하라고.

옆에 누워계시는 내 아버지. 바깥세상과 신문물에 더 친숙해 늘 밖에서 바빴던 가장이셨다. 배 아파 낳은 자식 다섯에 뉘(?)까지 보태어준 지아비. 숯검댕이 속으로 산 지어미 심중을 헤아리기나 하셨는지. 시앗 소생에게 내 새끼들의 따가운 눈총이 꽂힐세라 철들어 온 아일 감싸는 일까지 맡았던 여인네. 억척 시부모 슬하에 농가 며느리가 감당해야 했던 일이 산더미였을 테지만, 애증의 삶을 살아야 했던 고뇌에 비기면 약과에 지나지 않았으리라. 무량 세월에 이렇게 함께 계실 거면 맘고생이라도 덜 시켰으면 좀 좋았을까. 밖으로 퍼내던 남정네의 헤픈 정에 얼마나 힘겨운 세월이었을까 마는, 이젠 그 회한도 삭아서 용서가 됐다고 말씀하시는 것 같다.

국화다발을 놓고 큰절 두 번을 올린다. 난데없는 산 뻐꾸기 울음! 어머니 홀로 되시고 어렵사리 뵈었던 날, 뒷골 상수원에서 구성지게도 들었던 그 울음 아닌가. 성치 않은 걸음으로 어시장까지 다녀왔다며 괴로운 얼굴이 역력해 보였었는데 바람결에 다녀가는 딸자식이 얼마나 야속했을까. 그날, 제석(祭席) 한 틀을 건네받고 봉제사 잘하라는 유언 같은 당부가 마지막이었으니 이 영물이 어머니 대신 안부를 묻고 있는 게 아닌지. 잘 하고 있냐고, 몸은 성하냐고….

바로 눈 아래 엎드린 생가를 내려다본다. 꿈속에서는 아직도 그리운 나의 집. 툇마루에 나와 지나가는 이웃들을 불러 동동주 한 사발을 하고 가라시던 아버지 음성이 들린다. 마당에서 땅따먹기, 구슬치기에 여념 없던 우리 남매들, 부엌간을 분주히 오가던 엄마 모습도 거기 계시다. 큰길이 가까워 과객이 들르는 날은 요기라도 하라고 소찬이 차려지던 집. 중농의 살림이었지만 나누는 인심은 대농 못잖았기에 '밭가운집' 자식들에게도 덤의 칭송이 돌아오곤 해 그 유년이 아름다웠음에 이 나이에도 힘을 낼 수 있는 게 아닌지. 황망했던 세월에도 너른 품으로 대소사를 안았던 후덕함이 가솔을 이끈 원력이었음을 어찌 모른다 할까. 내 자식들은 맏이로 보내지 않겠다던 희망사항을 이뤄드리지 못했지만, 딸자식 셋이 서투르나마 맏며느리 노릇을 해낸 것도 어머니의 부덕이었음을 새삼 깨닫는다.

외곬에 '새 다리' 약골이었던 내게 힘에 부치지 않을 만큼만 심부름을 시켰던 엄마. 저녁쌀 안치며 호박 따오라는 명이 떨어지면 반마장 거리를 총알처럼 달려갔던 '돌람밭(얕은 돌담이 있던 밭을 그렇게 불렀다)' 호박순 들추어 반들반들 윤나는 애호박 두 개를 따들고 앙감질 뛰기로 부엌으로 들어서던 쾌감이 어제 일처럼 선연하다. 그 떡잎만큼 작았던 감성에 잎사귀가 달려 무성해졌음을 알기에 가슴 저리는 감사를 바친다. 닮은 듯 다른 삶을 마주하고 유택 앞에 조아린 여식의 회한이 깊기만 한데 주택단지로 변한 그 '돌람밭' 자리는 가늠조차 어려워 더욱이 서럽다.

어머니 가신 때가 작년의 내 나이였다. 일흔넷의 나이를 받고 어찌할 바를 모르다가 작정을 했었다. 고단했던 엄마의 생애에 나를 포개어 그리운 음성을 듣기로 한 거다. 어엿한 이름 석 자도 목소리도 없이 지아비의 그림자로만, 자식들의 가시고기로만 살았던 아낙. 그 먹먹한 생애를 내 알량한 글 솜씨로 들추어내기란 가당찮고 송구스러운 일이어서 목소리라도 붙들어야 했던 것. 엄만 이승의 시절로 난 유년으로 돌아가 둘이 그랬었다. 명징한 정신으로 말이다.

거울 속에 엄마의 모습을 닮아가는 나를 본다. 거동은 '이상 무'라고 하지만 한치 앞을 모르는 세상이다. 어쩌면 내 기억도 믿을만하지 못할 때가 올지 아무도 모르는 일이다. 시시때때 귓전에 떠올리던 음성도 차츰 멀어지는 걸 느낄 땐, 어미의 생을 살아낸 이 여식에게 그 놀음도 그만 두라는 분부가 아니신지. 모두를 비워내고 편안해지라는 이르심인 것 같다.

딸자식 셋의 손에 분단장 곱게 하고 베옷 입고 떠나신 첫 고별에 이어 그리움을 묻어온 스물다섯 해를 내려놓으며 두 번째의 이별이라 고한다. 선영에 두루 배알을 하고 하직 인사를 올린다. 돌아서는 걸음이 그리 힘들지 않다. 두 번째의 고별이 슬프지만은 않은 까닭이리라.

엄마의 치마

정정연

어젯밤 세찬바람이 불더니 새벽부터 비가 내린다. 태풍이 지나가고 있는가 보다 날씨가 덥고 습해서 몸도 마음도 눅눅하다. 외출을 해야 하는데 비 오는 날은 바지보다는 원피스나 치마가 젖지 않고 제격이다.

오늘은 언제인가 시골친정집 가서 어머니 옷을 정리하다 버리기는 아까워 가져다 놓은 엄마 치마를 입어 보아야겠다. 함께 입을 윗옷이 마땅치 않아 그냥 장롱 서랍에 넣어두었다. 그 치마는 넓은 주름에 시원한 천연 소재의 옷이다. 짙은 하늘색 바탕에 황갈색 큰 꽃무늬와 잔잔한 흰 잎사귀 무늬가 있어 색깔이 산뜻해 윗옷은 흰색 옷을 입으면 어울릴 것 같다.

어머니의 치마를 입고 우산을 쓰고 지하철역을 향해 걸으니 까맣게 잊고 있었던 기억들이 되살아난다. 엄마 치맛자락을 잡고 양산맥이 고개를 넘어 서낭당을 지나 아치실 마을 어느 할머니 집에서 언 손을 녹이고 외갓집을 가던 날도 아슴푸레 생각난다. 외갓집은 차를 타면 갈아타야하지만 지름길로 가면 걸어서도 갈 수 있었다.

서울로 상경해서는 좁은 방에서 자매들이랑 한 이불 덮고 잠자고 가난했지만 꿈이 있던 시절이 있었다. 이 치마는 그때 동생이 명동에 있는 양장점에서 일할 때 만들어 드린 것이다. 일을 끝내고 쉬는 날도 나가서 한 땀 한 땀 꿰매어 만들어 드린 동생을 생각하니 기특하고 마음이 짠하다. 그때 동생은 양장점에서 일을 하고 밤늦은 시간 퇴근해 밥을 먹고 바로 자야했다. 그때 위장병이 생겼는지 늘 소화가 잘 안되어 고생을 했다. 이리저리 이사도 많이 다니고 어려운 시간들이었지만 지나고 보니 행복한 시간이기도 했다.

그 무렵 벽돌색 코트도 같이 만들어 드렸는데 유행을 타지 않는 디자인으로 40년이나 지났지만 색깔도 바래지 않고 지금도 유행에 뒤지지 않는다. 옷을 만들어다 드리고 얼마 지나지 않아 어머니와 아버지는 시골로 낙향해서 사시느라 입을 일이 많지 않았는지 아니면 아끼셨는지 몇 번 입지 않은 채 새것 같다.

그러나 이제 세월은 쏜살같이 흘러 어머니가 이 치마를 입었던 그 나이 때보다 나도 동생도 더 나이를 먹었다. 그때는 그렇게 많다고 생각했던 어머니의 나이다. 이 치마가 허리가 커서 내가 둘이나 들어갈 것 같았는데 지금은 나에게 딱 맞다. 어쩔 수 없는 어머니의 딸이다. 체형도 닮아가니 말이다.

세월은 흘러 아버지도 돌아가시고 어머니 올해 92세나 되어 바깥 출입을 못하시니 이 치마를 다시 입을 일이 없다. 그래서 내가 입기로 했다. 켜켜이 쌓인 세월이 안타깝고 허망하다.

치마를 입고 시 창작 교실에 들어서니 색깔에 민감하게 표현을 잘 하시는 분이 흘끔 쳐다보더니 치마가 예쁘다고 하신다. 순간 부드러운 어머니의 온기가 느껴지고. 아프신 어머니가 떠오른다. 치매가 있는 어머니는 우리들 집 전화번호는 잊지 않고 전화를 해 "애들은 잘 있니? 네 목소리가 듣고 싶어서 했어." 오늘도 똑같은 말씀만 하고 끊는다. 보고 싶은데 미안해서 오라고는 못하고.

그래도 전화할 정신이 있으니 얼마나 다행인가! 이제는 전화가 며칠 안 오면 치매가 심해져 우리들까지 잊으신 건 아닌가 하는 걱정에 마음이 편하지 않다.

지난 번 갔을 때는 우리 집은 외딴 곳이라 사람 구경하기가 힘들어 하며 외로워하시던 어머니가 떠오른다. 애들 동화책을 읽으시고 요양 보호사 아줌마를 자원봉사자라 하시며 늘 복 받겠다고 하신다. 아버지에 대한 기억도 동네 사람들에 대한 기억도 좋은 것만 하시니 다행이다. 그 연세에 화장실 혼자 다니시고 그만 하신 게 얼마나 고마운 일인가!

엄마의 치마를 입고 빙그르르 돌아본다.

파도가 다듬은 보석

허열웅

천연기념물 392호로 지정된 백령도 콩돌해변을 걷는다. 2㎞가 넘는 바닷가에 여러 색채를 내뿜고 있는 콩알 만 한 돌멩이를 파도가 어루만지고 있다. 그동안 거제도나 보길도 예송리 해수욕장에서 보아온 몽돌과 좀 달랐다. 그곳 몽돌은 작은 것은 밤톨만하고 큰 것은 어린애 주먹만 했다. 자기를 지키기 위해 해변에 붙박혀 파도와 맞서다보니 몸도 마음도 검게 타버렸는지 대개가 검은 빛이었다.

저 홀로 돌을 만나는 물소리만 내고, 물을 만난 돌은 부자유의 제 설움에 크게 울고 있었다. 바람과 파도에 몸을 맡긴 채 밀물과 썰물에 쓸려 다니며 마음을 닦아야 했다. 세상의 유혹과 삶의 고달픔을 버텨내야하는 중년의 삶이 검은 몽돌이라면 모든 것 내려놓고 비워야하는 노년의 모습은 영롱하고 매끄러운 콩돌이 되어야 한다는 생각을 해본다. 그는 태초에 불이었다. 빅뱅 후 카오스 속 몇 억겁을 건너와 주상절리(柱狀節理)로 솟았다가 바위로 분리되었다. 한 번 앉으면 한 생각으로 몇 백 년을 침묵하고 발효된 고요로 서 있는 바위에는 삼라만상이 들어있어 다양한 모습을 드러낸다.

어느 마을에 석공이 부처와 꽃을 만들며 온갖 모형을 조각하고 있었다. 지나가던 선비가 감탄하며 칭찬을 했다. 딱딱한 돌을 참으로 잘 쪼아내어 이렇듯 곡선미 아름다운 작품을 만드시니 훌륭한 예술가이십니다. 석공이 공손하게 대답을 했다.

"석상(石像)은 만들어지는 게 아니라 드러나는 것입니다. 저는 돌 안에 숨은 상이 드러나도록 불필요한 돌덩이를 떼어내는 일을 할 뿐입니다. 상은 만드는 것이 아니라 찾아내는 것이니까요."

석공은 깨달음을 얻은 도인의 경지에 이르고 있었다.

돌 속의 형상을 해방시킨 미켈란젤로에 의해 돌 됨을 속삭이고 색채와 곡선과 돌의 감각을 보여준 조각의 역사를 갖고 있다. 아마도 돌 예술의 극치는 석굴암의 불상조각일 것이다. 충남 서산에 있는 돌로 만든 마애삼존불상은 우리나라에서 발견된 마애불 중 가장 뛰어난 백제 후기의 작품이다. 얼굴 가득히 자애로운 미소를 띠고 있으며 빛이 비치는 방향에 따라 웃는 모습이 달라져 빛과 조화에 진가를 보인다.

이렇듯 삼라만상이 숨어있는 바위가 다시 천둥 비바람에 깨지고 부서지면서 모난 돌이 되었을 것이다. 때로는 탑신으로 포개지고 주춧돌로 떠받치다가 징검다리가 되었을 것이다. 홍수를 만나 강물에 떠돌다가 인당수 바다에 몸을 던진 심청을 위로하기 위해 백령도까지 흘러들었을지도 모른다는 생각이 들었다.

시인 장석주는 '한 알의 대추가/ 붉고 둥글어지기까지는/ 저 안에 태풍 몇 개/ 천둥 벼락 몇 개/ 그리고 땡볕 두어 달/ 초승달 몇 날/ 무서리 내리는 몇 밤'이 지나갔다고 했다. 하물며 바위가 콩돌이 되기까지는 얼마나 많은 세월 바람과 파도가 다녀갔을까, 콩알을 뿌려 놓은 듯한 해변의 사리(舍利)가 되기까지는…. 그는 처음부터 둥근 몸이 아니었다. 각진 몸을 떼어내는 아픔을 다스려오는 세월 그가 흘렸을 눈물은 바다의 높이를 더했을 것이다. 바닷물 하나로 영롱한 색을 내는 백령도의 콩돌이 되기까지는 어둠에 획을 긋는 수많은 별똥별들이 떨어져 돌 속으로 들어갔을 것이다.

파도에 밀렸다 돌아오는 콩돌들이 조용한 선율을 연주한다. 물결에 쓸려나가면서 차르르르~ 솨르르르~ 단조의 작은 음성으로 내 가슴을 파고들었다. 그들은 돌의 돌 됨을 속삭이고 영롱한 색채와 둥근 마음으로 '나 여기 있다' 하며 이야기를 걸어왔다. 되풀이 되는 음향은 다시 돌들의 표면 위로 달아나고 나는 맨발로 그 돌 위를 걷고, 밟히는 콩돌들은 음정을 바꾼다. 아자라락~ 바자라락~ 발바닥이 간지럽고 등골은 시원하고 머리는 맑아졌다.

물속에서는 단색이더니 햇빛에 비추어보니 여러 색을 몸에 두르고 있는 콩돌 몇 개를 호주머니에 넣었다. 책상 앞에 놓고 오랜 세월 세상 풍파를 견뎌내며 돌의 사리가 된 모습을 바라보며 배우고 싶었다. 마침 그때 관광안내 방송이 파도를 타고 흘러나왔다.

"여기에 있는 콩돌은 천연기념물 392호입니다. 혹시 가지고 가시다 발각되면 7년 이하의 징역이나 5천만 원의 벌금을 물어합니다. 모든 사물은 제 자리에 있을 때 가장 아름다운 것입니다."

그렇다. 사물뿐만 아니라 세상의 모든 사람들과 짐승들도 제 자리에 있어야 올바른 삶을 살 수 있는데 분수를 모르고 함부로 자리를 옮겨 다니다가 불행해진 사례를 너무 많이 보아왔다.

해변에 슬그머니 내려놓은 아쉬운 콩돌을 바라보며 나를 뒤돌아보았다. 나이가 들면 나는 저절로 훌륭하고 의젓한 사람이 될 줄 알았다. 마음도 넓어지고 생각은 깊어지고, 욕심에서 벗어날 줄 알았다. 남에게는 너그럽고, 자신에게는 엄격할 줄 알았다. 지나간 섭섭했던 것에 대한 미움도 사라지고 어지간하면 용서가 될 줄 알았다. 그렇게 되지 않는다. 오히려 옹졸해지고 사소한 일에 간섭하고 별일도 아닌 것에 화도 내고 점점 철부지가 되어가는 느낌이 든다. 고희를 살아왔어도 아직 모나고 거친 돌로 남아있는 내 모습이 온 우주를 껴안은 콩돌 앞에 너무 부끄러웠다.

못 말리는 오지랖

신혜경

"에구 권사님, 봉변당하면 어쩌시려고요. 그런데 속은 후련하네요."

새벽기도 동행하는 S권사의 못 말리는 나의 오지랖에 대한 염려다.

'오지랖'이란 말은 원래 웃옷이나 윗도리에 입는 겉옷의 앞자락을 일컫는 명사다. 오지랖의 원초적 유래는 어머니의 가슴 위에 입는 옷으로, 오지랖이 넓다는 것은 자기가 낳은 자식이나 남의 자식이나 가리지 않고 자신의 젖을 먹인다는 의미에서 유래하였다. 가리지 않고 받아준다는 의미로 남에게는 선을 베풀지만, 자신의 젖을 나누어 주니 자신을 희생하는 것이다.

얼마 전, 아파트 단지 내 주차장에 두 개의 주차 공간을 대각선으로 차지하고 있는 외제 승용차가 후면 주차 상태로 일주일을 넘겼다. 계속 눈에 거슬리고 신경이 쓰였다. 경비실에 얘기하니 민원이 들어오면 자신들의 입장이 곤란해진다고 한다.

관리 사무실에 연락하려다 차창에 붙은 전화번호를 돌렸다. 젊은 여자의 목소리다. 조심스레 '차가 두 대의 차선을 침범하고 있네요.' 하니, "거기는 두 대가 못 서요."라는 단호한 대답이 돌아온다. '댁의 차보다 더 큰 차도 세워요.' 했더니 세워 보았느냐고 따진다. 이어 남편인 듯 "누구세요? 몇 동 몇 호 살아요?" 언성 높은 소리가 들린다.

적반하장에 어이 상실, 심장이 벌렁거린다. 불의를 못 보는 나의 본성이 목을 타고 큰소리 되어 나오는 말, "외제 차 타기 전에 주차 예의부터 지키시지요. 엘리베이터 알림판에 붙어있는 주차 유의 사항 참조하시고…."

그렇게 전화를 끝냈지만 찜찜한 마음은 무엇일까? 주차장에 내려올 때마다 내 눈길이 싸늘하다. 요즈음 '분노조절 장애'로 이웃끼리 험상한 일들도 많아지는 현실인데 겁이 없는 건가, 때로 나 스스로 오지랖이 넓다고 인정하며. 혀만 끌끌.

나이 탓인가 나의 본능인가, 잘못된 것을 그냥 보아 넘기지 못한다. 못 말리는 오지랖인가 생각도 하지만 아닌 것은 아니지 않은가 싶다.

젊은 시절 일이다. 30여 년 전만 해도 차가 그리 많지 않았다. 그러나 초보운전을 겨우 면한 내 차량 앞에, 보기 드문 벤츠 승용차가 계속 끼어들기를 한다. 작은 틈만 보이면 1차선에서 3차선을 넘나들며 차선 바꾸기로 다른 차들을 위협하는 퇴근길. 진땀 빼면서 신호 앞에 서 있는데 내 차 오른쪽에 그 차량이 섰다.

청명한 가을 날씨에 차창은 열려있어 보니, 젊은 청년이다. 오지랖 발동, 청년을 향해 소리쳤다. "당신은 그 차 탈 자격이 없으니 차에서 내려, 미꾸라지 띠냐? 요리조리 차선 옮겨 타게. 그러다 사고 나면 어쩌라고. 죽고 싶으면 혼자 죽어, 남의 생명 위협하지 말고,

운전 자세부터 다시 배워요!" 했다.

옆에 동승한 동료 K 선생님이 깜짝 놀라 말린다. "겁도 없이 왜 그러셔요. 요즘 젊은이들 얼마나 무서운 세상인데요." 한다. 사실 겁나기도 하지만 그놈의 오지랖은 이미 펼쳐졌다. 다행히 "죄송합니다." 꾸벅 고개 숙여 사과한다. 안도의 한숨을 후~! 돌리는데 어쩌랴, 신호가 바뀌자마자 또다시 미꾸라지 운전이다. 힘들여 말한 보람도 없다.

오지랖이 맞는지 배려가 맞는지 때론 혈기일 수도 있고, 간섭일 수도 있다. 그러나 나는 남의 어려움도 그냥 넘기지 못한다. 부탁도 거절하지 못한다. 불의를 그냥 넘기지도 못한다. 그래서 시간도 물질도 많이 나누어야 한다. 이런 것을 난 스스로 '내 오지랖'이라고 한다. 사실 오지랖 넓은 사람치고 나쁜 사람이 없다. 하지만 지나친 남 걱정은 부작용을 일으킬 때도 있고, 구설에 오르기도 한다. 가끔은 염려로 하는 말에 고맙다는 말 대신 돌아오는 것은 '너나 잘해' 하는 의미로 느껴질 때는 외롭다. 배려와 오지랖을 어떻게 펼쳐야 하는지 의문도 생긴다.

가족과 지인들은 나의 오지랖을 걱정한다. 가능하면 남의 일에 끼어들지 말라고 충고한다. 하지만 나는 오지랖에 대한 자부심이랄까? 배려라고 생각하면서 할 일이 있으면 누구보다 먼저 나선다. 불이익이 올 때도 있지만 내 작은 손길과 마음에 의지하는 많은 사람이 있기에 작은 행복도 느낀다. 오지랖이 아니라 우리 모두 당연히 해야 하는 일이다. 불의한 일, 몰염치함을 보고도 자신에게 미칠 불이익을 두려워 방관하며 몸 사리는 어른들과 지성인들 많음이 안타깝다.

나에게까지 그런 기회가 오는 것이 아쉽고 아프고 슬프다. 나이 들면서 자제해야 한다는 생각을 하게 될 때 더욱 그렇다.

오늘도 오지랖을 피해 가지 못했다. 병원 가는 길. 머리에 하얗게 서리 앉은 어르신이 열심히 도로 위를 청소하고 계신다. '수고 많으시네요.' 인사하고 몇 걸음 걸어가는데 담배꽁초를 바닥에 비벼 끄는 말끔한 정장의 젊은이와 마주쳤다. 못 본 척하려는데 양심이라는 놈이 성질 급하게 '청소하시는 어르신 안 보여요? 길에 꽁초 버리면 안 되지요. 빨리 주우세요.' 한다. 웬 참견이냐는 듯 떨떠름한 표정을 보고도 당당히 말하는 나, 못 말리는 오지랖이다.

나의 오지랖은 문제일까? 선의의 오지랖은 필요한 것 아닌가? 오늘 나의 삶의 모습을 뒤돌아본다. 부끄럼 없는 삶을 살고 있는지. 타인의 잘못을 지적하기 전에 내가 먼저 겸허하게 낮아지자.

과유불급(過猶不及), 뭐든 지나친 것은 모자란 것만 못하니 나의 오지랖에 적정선을 긋자.

현아 참아 내자

임양자

배란다의 이태리봉선화가 햇빛을 받아 너무 예뻐서 보고 또 보고 있는데 전화가 왔다. 동생이다.

"언니야, 현 남편이 죽었대."

청천벽력이다. 눈앞이 캄캄, 가슴이 떨렸다. 세상에 이런 일이? 그 불쌍한 것이 자식 낳고 재미있게 잘 살고 있었는데….

그 애 현이가 우리 집에 온 게 6살 때이다. 부모 형제 없는 외로운 고아였다. 공부도 시키며 자식처럼 길러 보자고 그러던 어느 날 학교에서 돌아온 그 애는 마루 끝에 앉아서 훌쩍이고 있었다. 왜 그러느냐고 물었다.

"언니, 나는 누구예요?"

울면서 묻는 어른 같은 어린애의 물음에 나는 당황했다. 안쓰러워 나도 같이 울었다. 여기 저기 수소문하여 얻은 결과는 성은 '조씨' 부모는 사망, 형제는 모른다는 게 전부였다.

완고한 우리 어머니 밑에서 적잖이 힘들었을 것이다. 하지만 천성이 고운 현은 바르고도 착하게 컸다. 성년이 되자 어머니는 배 아파

낳은 자식처럼 믿음직한 짝을 찾아 결혼도 시켰다. 세월은 무심치 않아 언제나 기다리는 자의 편이었던가. 현은 재미있게 살며 아들 둘을 두었다. 성실한 남편의 직장 생활과 규모 있는 아내의 살림으로 반듯한 아파트도 갖게 되었다.

그런데 이게 어인 날벼락인가, 남편의 죽음, 그것도 자살이라니? 현의 남편은 과묵하고 자상했다. 하지만 직장에서 조기 퇴직을 하고 우울증에 걸려 남모르게 오랫동안 고생을 했단다. 입원을 권해도 이게 무슨 병 하며 거절 혼자서만 속으로 앓다가 그만 극단적인 최후를 선택했던 것이다.

아, 동반자는 떠났지만 혼자 남게 된 두 아들과 현은 이제 누구를 의지해 어찌 살 건가? 早失父母(조실부모)한 현의 삶은 결혼으로 하여 편해지는가 했는데 苦行(고행)은 아직인가? 진정 그의 슬픔은 아직도 끝나지 않았던가? 애달프다. 하지만 어쩌겠는가. 그도 피할 수 없는 현실이자 현의 몫인 것을, 몫은 운명이다. 순종하듯 오래 참고 기도하듯 의지롭게 참아 내야한다. 그래야한다.

현아 우리는 형제다. 정으로 뭉쳐진 한 가족이다. 그러니 너의 슬픔도 우리 모두의 것, 다 함께 힘을 모아 이겨내야 하는 우리의 몫이다.

이겨내자! 함께 힘을 모아 참고 이겨내자.

끝자락의 접시꽃

이경란

무심코 홀로 서 있는 접시꽃을 보았다. 넓은 마당에 흙도 있고 전망 좋은 넓은 터가 많은데 화장실 옆에 뿌리지도 않은 씨앗으로 콘크리트 바닥 틈 사이에 살고 있다. 그 한자리에 뿌리박고 있는 꽃, 키는 커서 해바라기처럼 먼 산만 바라보고 있다. 무언가 그리움. 기다림이 역력하다.

수만 가지의 꽃과 유실수는 기름진 땅에서 햇빛과 바람과 산을 벗 삼는데 잎들은 벌레 먹고 꽃잎은 다 시들어 줄기는 말라 비틀어졌건만, 맨 위에 마지막 남은 꽃봉오리 하나, 꽃을 피우기 위해 안간힘을 쓰고 있다. 병든 잎들도 마른 줄기도 그 꽃을 피우기 위해 버티고 있다. 접시꽃 일생에 마지막 끝자리에서 그 무엇을 위해 이 시련을 겪고 있는 것일까!

어쩜, 화장실 옆에서 꿋꿋이 살고 있는 접시꽃보다 못한 나. 잘 먹고 잘 입고 남들에게 부러움을 살 만큼 70이 넘도록 지독하게 살았다. 이젠 누구의 노래처럼 기타 하나에 동전 한 닢이라도 좋다. 그렇게 자유롭게 날고 싶다. 가난에서 부자가 되기 위해 죽도록 고생 하여 땅도 사고 집도 짓고 좋은 차도 사고 온갖 것을 소유한 지금의 삶이지만 고독만이 가슴을 후빈다.

이럴 땐 옛날(구약시대)의 안식일이 생각난다.

하나님이 천지만물을 창조하시고 엿새 동안은 힘써 네 모든 일을 행할 것이나 제칠 일은 너의 하나님 여호와의 안식일인즉 너나 네 아들이나, 네 딸이나, 네 남종이나, 여종이나, 네 육축이나, 네 문안에 유하는 객이라도 아무 일도 하지 말라. 이는 엿새 동안에 나 여호와가 하늘과 땅과 바다와 그 가운데 모든 것을 만들고 제칠 일에 쉬었음이니라. 그러므로 나 여호와가 안식일을 복되게 하여 그날을 거룩하게 하였느니라.

과연 하나님이 천지를 창조하시고 피곤하여 쉬어라 했을까. 결코 아니라고 생각한다. 요즈음 나를 보면 더욱 그렇다. 남들처럼 밭떼기를 갖고 싶어 죽을힘을 다해 구입한 1,500평 밭에 새벽부터 저녁까지 하루 종일 엎드려 밭 매고 또 씨를 뿌려 가꾸면서 일어나면 엎드려 풀을 뽑는다. 밥 때를 놓치면 쓴 커피로 허기를 면한다. 먹을 것이 냉장고 마다 가득차도 밥 먹을 시간도 아까운 것이다. 눈뜨면 밤이 될 때까지 속옷이 젖어 질퍽하면 갈아입고 죽는 줄 모르고 일한다.

주일이면 교회에 가기 위해 더 일찍 일어나 밭에서 일하다 숨차게 미친 듯 목욕하고 밥 먹고 예배시간에 맞추어 달려갔다가 오후에는 또 밭에 엎드려 있다. 대부분 이런 일과가 보통 사람들의 모습이 아닐까 싶지만 말없는 땅도 6년이 지나 7년째에는 쉬게 하라고 했다. 하나님의 자식들은 안식년도 지키지 않고 제 몸뚱이와 땅들을 혹사

시키고 있다. 하나님은 인간의 습성(욕심)을 잘 알고 있기에 그냥 쉬어라하면 듣지 않을 것을 알고 아마도 주일을 법으로 정해놓은 것 아닌가 싶다. 이젠 이 법을 지키기 위해 애써 보련다.

화장실 옆 접시꽃이 오늘따라 힘들어 보인다. 생각 같아서는 꽃을 피웠으니 이젠 푹 쉬라고 강제로라도 베어 주고 싶다. 하지만, 저 맨 꼭대기에 하나 남은 꽃봉오리 왜 피우려고 저리도 용을 쓰고 있는 걸까! 그 마지막 죽기 전에 이루고 싶은 꿈은 무엇이란 말인가 무엇을 이루고 싶어 저리도 애태운단 말인가.

그러고 보니, 오빠도 접시꽃을 닮은 것 같다. 마지막 꿈을 포기할 수 없다. 마지막 피우고 싶은 꿈이 있다면 밭에는 온갖 채소와 무화과부터 각가지 과일이 주렁주렁 달려있는 이곳에 형제들이 함께 살고 싶은 것이다. 어머니 위해 마련했지만 얼마 누리지도 못하고 우리 곁을 떠나시니 고독과 적막감만 돈다. 너무 늦게 깨달았다. 많이 소유했다고 행복이 아니라 서로 나눔에 있음을.

일 년에 한두 번 오빠! 하며 찾아오는 누이는 내 안에 고독을 깨드리고 적막을 깨우는 유일한 벗이다. 누이가 오면 승용차에 이것저것 가득히 실어 보내지만 그것으로 오빠의 마음을 다하지 못한다. 더 늙기 전에 함께 살며 나누어 먹고 웃으며, 지난날 가난의 서러움을 날려 보내고 싶다. 함께 여행도 다니며 자유롭게 날고 싶다. 마지막 그 꿈 하나로 버티고 있는 오빠다. 접시꽃, 그냥 두어야겠다. 오빠가 이 꿈을 이루려고 발버둥 치듯, 그 꿈을 어떻게 이루어 나가는지 내가 잘 지켜봐야겠다. 내년에도 다시 피겠지.

5.

장바구니의 미술관

장바구니의 미술관

서혜경

내 장바구니 중 자주 사용하는 것은 천 가방이다. 선물 받은 천 가방이 한 3년 지나니 낡아 새로 사야 했다. 인터넷으로 보니 요즘 장바구니는 에코백(친환경 가방)이라고 하면서 가방 커버에 개인 작품을 올리기도 하고 유명한 미술 작품, 만화나 영화의 장면, 캐릭터 등이 프린트가 된 것도 있다. 이제는 장바구니 덕택에 예술적인 작품을 메고 다닐 수 있다는 거다.

미술 작품에 대한 또 다른 얘기다. 얼마 전 예술 분야 베스트셀러 『방구석 미술관』이란 책을 읽었다. 뭉크, 고흐, 고갱, 피카소 그리고 그 외 미술계 예술가들의 삶과 작품에 대해 얘기해줬다. 그림도 같이 넣어 놓았다. 화가의 삶을 자세히 읽어보니 그 그림에 좀 더 가까이 가는 것 같다. 또, 여기저기 미술관에 가서 그림을 직접 보지 못해도, 책에서 여러 그림을 볼 수 있으니 그것도 고마운 일이다. 『방구석 미술관』의 저자는 팟 캐스트를 운영하고 있다.

인터넷에 들어가 가방을 봤다. 『방구석 미술관』에서 본 일부 작품은 가방으로 다시 볼 수 있었다. 그리고 국내 작품이 그려진 에코백도 보게 되었다. 신숙자 작가의 『세상을 품다』, 손원희 작가의 『나들이』, 강명자 작가의 『사랑』 등 아름다운 에코백을 살펴봤다. 그 외에 공방 사이트에서 전통 조각보 에코백도 판매했다. 민화 에코백 중 수능을 치르는 학생에게 줄 수 있는 선물용도 있었다. 미술관에 가거나 인사동에 가서 보는 그림이나 조각보를 장바구니로 만나는 건 또 다른 즐거움이다.

나는 가끔 가족과 함께 미술관이나 전시관을 찾는다. 올 7월엔 예술의 전당에서 '스페인의 추억 플라멩코'를 감상했다. 20세기 프랑스의 마지막 구상회화(figurative art) 작가인 베르나르 뷔페의 전시도 관람했다. 오디오 가이드를 귀에 꽂고 작가에 대한 설명을 들으며 그림을 보려고 애썼다. 그렇지만 아직도 그림을 보면 대부분 바로 마음에 와 닿지 않는다. 단지 이해를 하는 정도다. 자꾸 보면 좀 더 가까워지거나 따뜻함이 느껴지는 작품도 있다. 어쨌든 감상의 시간을 가지는 것 자체도 감사할 일이다.

그리고 가끔 영화도 보러 간다. 몇 달 전엔 남편과 '러빙 빈센트'란 영화를 봤다. 빈센트 반 고흐의 죽음 1년 후를 배경으로 하는 애니메이션 영화인데, 재미보다는 그와 그의 그림, 주변을 잘 보여주었다. 생전 단 한 점의 그림을 팔았다는 고흐는 지금은 내가 사고 싶은 천 가방 그림의 주인이다. 모 방송국 '비긴어게인3'라는 음악 프로그램에서 '빈센트'란 노래를 들을 때면 그의 삶에 대해 깊게 생각하게 한다. 죽기 전에 그림을 겨우 한 장 팔았던 화가. 후세 사람들이 그림과 책과 음악과 영화로 계속 그를 기억하고 사랑한다는 것은 아이러니다.

다시 인터넷으로 들어가 가장 마음에 드는 에코백을 골라봤다. 명화 에코백으로 고흐의 '별이 빛나는 밤, 해바라기' 그리고 클림트의 '키스'이다. 거기에 규방 전통가방 두 가지, 국내 작가 명화 두 개를 더 추가해서 살펴봤다. 왜냐하면 독서클럽에 갈 때 과일이나 간단한 먹을거리를 넣어가야 하기 때문이다. 또 도서관이나 글공부하는 곳에 책을 넣어가기도 하고 마트에 가거나 행사에 갈 때, 가방이 여러모로 필요하기에 여러 개 구입을 하려는 것이다.

드디어 가방 3개를 샀다. 고흐의 '해바라기'와 손숙자의 '나들이', 또 화려한 색상과 시원한 이미지가 있는 '스트라이프'로 선택했다. 어쨌든, 생각보다 비싼 천 가방이라 물건을 넣을 때 조심하고 있다. 사고 싶은 다른 에코백이 많았지만 참았다. 지금 나의 장바구니는 세계적으로 유명한 그림이 프린트되어 있다. 보면 볼수록 장바구니가 바로 미술관이라는 생각이다. 오늘도 나는 고흐의 해바라기가 프린트된 장바구니를 들고, 아니 미술관을 둘러메고 도서관에 간다.

9월이 좋다

남상태

1년 12달 중에 나는 9월이 좋다. 10월을 상달이라 부르지만, 나는 9월이 더 좋다. 특별히 어느 달이 더 좋다고 말하는 것은 좀 이상할 수도 있다. 그러나 나이를 먹어 갈수록 여름의 폭염과 겨울의 혹한을 싫어하는 것은 당연하다 할 것이다.

1월은 새해 첫 달. 새해를 맞이하는 마음으로 중요한 달이기는 하나 매우 추운 달이다. 2월도 춥고 바람이 거세다, 우리의 전통 명절인 설날이 들어 있는 달이며, 조상을 만나는 달로써 또 한 번 새해를 맞는 기쁨이 실린 달이다.

3월은 만물이 소생하는 달이다. 새 생명이 싹트는 봄이 시작되는 달이며 강남 갔던 제비가 돌아오는 젊음의 달이다. 옛 사람들은 '일년지계는 재어춘(一年之計, 在於春)'이라 하여, 농가에서는 가장 바쁜 달로써 농자천하지대본(農者 天下之大本)이라는 자긍심으로 시작되는 달이다. 4월은 심어둔 곡식이 싹이 트고 마른 나뭇가지에서 잎이 솟고 꽃이 피기 시작하니, 청춘남녀의 사랑의 계절이다.

5월은 계절(季節)의 여왕이라 하여 움츠렸던 어깨를 펴는, 춥지도 덥지도 않고 온 세상 산천초목이 꽃과 푸른 잎으로 뒤덮인다. 그늘을 찾게 되는 계절로써, 청춘가를 부르는 계절이다. 어린이를 사랑하고 스승을 존경하며, 부모의 사랑에 감사하는 달이기도 하다.

6월은 녹음방초(綠陰芳草)의 달이다. 덥기 시작하여 움직이면 땀이 솟는다. 여름이 시작되는 달로써 일생을 바치거나, 청춘을 바쳐서 조국을 찾고 민주주의를 수호한 호국영령에게 감사하는 달이다. 맑은 시냇물을 보면 뛰어들고 싶은 달이기도 하다. 상선약수(上善若水)라는 노자(老子)의 도덕경(道德經)에서 나오는 문자가 실감이 나는 계절이다.

7월은 학생들에게는 방학을, 사람들에게는 앞만 보고 달려온 피로를 풀라는 휴가의 계절이다. 모든 생물의 성장이 극에 달하며, 움직이기만 해도 땀이 솟는 땀의 계절이며, 장마가 시작되는 계절이다.

8월은 장마, 폭우, 폭염 등 여름의 맹위를 떨치니, 어쩌면 건너뛰고 싶은 달이기도 하다. 그러나 모든 식물들은 폭염과 폭우와 더불어 풍성한 결실을 맺기 위하여 안간힘을 다하는 성장의 계절이다. 금년은 특히 폭염이 심해서 지구가 태양에 겁도 없이 접근하고 있지 않나 하고 헛걱정을 하기도 한다.

9월! 지금이 9월이다. 작년 9월 초에 무뎌빠진 감성과 모든 기억이 흐려지는 나이에 수필을 써 보겠다고 덤벼들었다. 문인이 되어 보자는 생각은 없었다. 다만 내 생각을 정리해서 글로써 표현하고, 지나온 날들을 반추해 보자는 단순한 마음으로 신세계 아카데미에 찾아 들었던 것이다.

그러나 그곳은 문학을 하겠다는 사람들이 모이는 곳이지 나 같은 팔순이 넘은 노인들이 가는 곳은 아니었다. 안 나온다고 시비할 사람도 없다. 여러 날을 망설이다가, 부끄럽더라도 뭔가 얻는 것이 있지 않겠는가 하고, 얼굴에 철판을 깔고 나가기 시작한 지 벌써 1년이 되었다. 9월이 짧은 달이라고 하지만 작년의 9월은 무척 길었다.

지하철을 타면 각기 다른 얼굴을 가진 사람들을 보면서 저 사람은 어떻게 살아 왔을까. 지금은 무슨 생각을 하고 있을까. 거리를 걸으면서도 가로수를 보고 '너 때문에 내가 행복하다. 금년에는 너무 더워서 벌레가 괴롭히지 않아서 좋았지? 그 대신 햇살이 너무 뜨거워서 고생했을 것이다.' 아무데나 피어있는 꽃을 보고는 '너는 그 아름다운 모습을 큰소리로 자랑하고 싶지 않니?' 이렇게 작년 9월은 바빴다.

머릿속에 숨어 있던 온갖 기억과 눈앞에 보이는 것을 어떻게 글로 표현할까 하며, 시간에 쫓기기보다, 내가 시간을 붙들고 놓아주지 않음으로써 시간의 속도를 느리게 했다. 그래서 어느 때보다 시간이 길어졌다고 느꼈던 9월이다.

또 세상만사에 감성을 대입하니 아름답게만 보이던 9월이다. 하늘을 보면 코발트색으로 너무도 깊어 보이고, 구름을 보면 깨끗하고 가벼워 보여서 시선을 떼고 싶지 않았다. 들판을 바라보면 누렇게 곡식이 익어가고, 검푸른 산을 바라보면 그 속에 머물고 싶은 9월, 9월이 참 좋다. 우리 부모가 나의 탯줄을 끊은 달은 8월, 세상출발을 신고하신 달이 9월이다. 그래서 내가 9월을 좋아하게 되었나 보다.

10월, 옛날에는 시월상달이라 했다. 9월은 완성을 위하여 최선을 다하는 달이라고 하면 10월은 완숙을 지향하고 수확(收穫)에 바쁜 달이라고 할만하다. 누렇던 들판이 부분적으로 또는 완전히 검은 바닥을 드러내고, 아름답게 달려있던 각종 열매가 모체에서 내려앉아 포장 속으로 들어간다. 마음이 풍족해지는 달로써 상달이라 할 만하다. 수목(樹木)들도 모두 겨울 채비를 하는 준비의 달이기도 하다. 태양에 애교라도 부리듯 각각 아름다운 색으로 단장하고 바람에 몸을 맡기는 단풍들, 분명 창조주의 작품이리라.

11월이면 벼 가마니를 들여놓고 고구마와 늙은 호박도 고방에 들여놓는다. 아낙네들은 김장에 바쁜 계절이고, 도시인들은 겨울 채비에 바쁘고 점점 두꺼운 옷으로 갈아입는다. 다들 종종걸음으로 서둘러서 집으로 찾아드는 계절, 이 달이야말로 가정의 달이 아닌가 한다.

12월에 접어들면 추위와 싸우는 달, 삭풍이 불어오면 귀를 싸맨다. 하얀 눈이 내릴 때에는 눈밭에서 개들이 장난치는 달, 젊음이 남아 있는 사람들은 썰매를 메고 눈밭으로 찾아가는 계절, 희망의 새해를 바라보는 달이고 또 한 살의 나이가 눈앞에서 기다리는 달이다.

이렇게 대충 1년을 스크린에 올려놓고 보아도, 나는 9월이 가장 좋다. 그런데 어느새 나이 한 살이 공짜로 따라온다. 반기고 싶지 않지만 어쩌겠나.

달빛 소리

이동숙

달빛은 말이 없다. 소리도 없다. 가슴을 적시는 애절함마저도 참아낸다.

문을 여니 가을이다. 사방에서 들려오는 풀벌레 소리가 아련하기 그지없다. 이불장을 열었다. 정리 못한 솜이불 하나와 요가 있다.

먼 옛날이다. 할머니와 목화송이를 따던 유년 시절이 다가온다. 목화를 따는 내내 텃검불이 묻으면 안 된다며 할머니는 쉬지 않고 말씀하셨다. 하늘에는 하얀 구름이 피어나고 소나무 낮은 산에는 소쩍새 우는 소리가 들리곤 했었다. 목화를 따며 앞서 나가시는 할머니 뒤로 불어오는 한 줌 바람은 고스란히 할머니 냄새를 전해 주었다. 할머니 품속은 늘 흙냄새다. 나는 그런 할머니가 좋았다

여름밤이면 모깃불을 피운다. 멍석에 누워 하늘을 본다. 손톱만한 달이 뜨고 하늘에는 별이 가득 찬다. 별이 떨어진다. 무수한 별을 세면서 할머니께 드린다. 할머니 옛날이야기는 금세 꿈길을 걷는다.

할머니 돌아가신 지 54년…, 언제나 귀애하시며 나를 꼬마라고

불러주셨다. 오늘은 유난히 그 이름소리가 듣고 싶어진다. 세월은 멀리 갔으나 마음속에는 여전히 그대로 계신다. 나를 극진히 사랑하시던 할머니 모습을 나는 잊을 수가 없다.

옥양목에 풀을 먹여 간직한 이불과 요는 누렇게 탈색되어 있다. 사용 안한 지가 30여 년이 되어가니 변해 있는 건 너무도 당연한 일이다. 그래도 없애지 않고 장롱 맨 밑에 소중히 두는 이유는 할머니가 손수 목화솜을 만들어주신 까닭이다.

이불과 요를 뜯었다. 솜을 싸맨 속싸개도 뜯으니 목화솜이 보인다. 솜에 붙어 있지 않아야 될 팃검불이 드문드문 박혀 있지 않은가? 할머니 숨결이 느껴진다. 할머니를 만난 듯 그리운 가슴이 뛴다. 팃검불마저도 반갑고 귀한 느낌이다. 그 솜에다 코를 댄다. 할머니의 냄새다. 할머니다.

그립다. 그리워진다. 할머니가 보고 싶다. 그립다는 말로는 이 마음을 다 표현할 수 없다. 하늘을 본다. 달을 본다. 달빛 속에 할머니가 있다. 어릴 적 수많은 별을 드려서인가? 할머니는 별을 밟듯이 가만가만 고향 길을 걸으신다. 나는 꼬마가 된다. 운동회 날 보다도 빠르게 할머니 품에 안긴다.

달빛은 말이 없다. 소리가 없다. 고요할 뿐이다. 무언가 말하고 싶어도 말하지 못하는 안타까움. 하지만 무언의 달빛은 나의 마음을 감싸고 있다. 잡을 수 없는 시간이다. 밤하늘을 올려다본다. 할머니는 달빛이다. 무한한 사랑이 빛으로 온다. 달빛은 부드러웠다. 따뜻하였다. 아늑한 행복이며 잔잔한 물결이었다.

그리운 만큼의 침묵이 흐른다. 할머니 목소리가 들린다. 잊어버리지 않고 있던 음성이다. 이제야 달빛의 소리가 들려온다. 나는 그 달빛 소리를 듣는다.

홍매실

배정화

시골 별장의 오빠는 해마다 매실을 챙겨 서울로 보내줬는데, 이제는 저 세상 별이 되어 버렸다. 살뜰히 챙겨주던 가족들도 수를 채워 별나라로 떠났기에 별장 지킬 사람이 없다. 휑하니 쓸쓸한 매실 밭과 여러 종류 과실나무들만 별장을 지키고 있다. 그나마 자주오던 오빠 친구들이 간혹 들러 매실 등 여러 과일을 따먹으며 흔적을 남기고도 있으니 고맙고 다행스럽다.

오래전부터 매실에 소주를 부어 3개월 숙성시킨 후 화장수를 만들어 얼굴에 바르기도 했는데 기초 화장품 절약에도 보탬이 된다. 20대부터이니 벌써 40여 년 동안 매실주를 마시는 대신 피부에 먹이고 있다. 나름의 미용 방법을 터득한 셈이다. 4, 5가지 기초화장품은 내게 사치였기 때문이다. 지인에게 선물 받은 화장수는 몇 해가 지나도 줄어들지 않는다.

또한 매실주를 그림에 쓰일 물감으로 접목 가능한지, 접착력과 세련된 색을 작품에 자연물감으로 시험해볼까 한다. 의상 역시 그렇다. 간편한 걸 선호하다보니 새로운 것은 몸에 낯설고 어색해 안 입게 된다. 나이가 들수록 몸은 여유롭지 못하고 까다로워진다.

창조아카데미 1기 원우 중 한 분의 일식집 개업식에 가서 굴회를 먹은 것이 배탈이 났다. 집으로 돌아오는 길에 오한이 오고 식은땀이 나 버스에서 내렸다. 참을 수 없어 중간에 내려 버렸다. 가로수에 기대어 숨 한번 길게 토해내면서 가슴을 두들겨도 토할 것만 같다. 가까운 찜질방으로 향했다. 화장실에 가서 게워내고 옷장 앞에서 쓰러지고 말았다.

머리맡을 지나가는 아줌마들이 "119를 부를까요?" 한다. 시간이 지나면 괜찮을 거라 했다. 너무 힘이 없어 물을 좀 마시고 싶은데 말할 기운이 없었다. 새벽녘에 겨우 집으로 돌아와서 물 한 모금 마시고 다시 쓰러졌다. 몸에 수분이 빠져 비몽사몽일 때 물 한 모금이 마치 시든 꽃잎이 다시 살아나는 느낌이다. 물 한 모금이 나를 일으켜 세우는 자양분이 되었다.

그 후 10년이 지난 어느 날 그 원우가 작업실로 찾아왔다. 안부를 묻는 중 일식집 그만뒀다고 한다. 개업 때 발생한 식중독에 대해 말했다. 어찌 10년을 말하지 않았냐며 머쓱하고 안타까워했다.

그때 매실청을 챙기지 못한 것이 내내 후회되었다. 장아찌는 청매실로 하면 더 좋다고 한다. 아삭한 맛을 더해준다는 것이다. 매실주는 홍매실이 좋다. 색깔과 향으로 깊은 맛을 더하기 때문이다. 엑기스도 홍매실이 좋다. 매실에 설탕을 넣어 숙성시킨다. 2~3개월 후 매실을 들어내고 설탕에 녹은 매실 액으로 차와 주스로 마신다. 속이 냉한 나에게 위장을 보호해주고 소화를 촉진시켜줘 늘 즐겨 마시는 편이다.

수필 등산모임에 홍매실을 가져갔다. 등반 중에 간식을 펴놓고 곡차 한 잔에 두루 화답하며 대화의 꽃을 피웠다. 매실을 한 개씩 먹은 문우들은 한결 같이 맛있다고 감탄한다. 뿐인가 막걸리에 찌글대지 않고 적당히 숙성된 것을 골라 인절미와 함께 가져간 홍매실 장아찌를 곁들여 먹으면서 미담이 이어지니, 웃음꽃을 피우는 힐링 시간이 되었다. 남 회장님도 다음에 또 먹어보길 기대한다며 무척이나 좋아하셨다. 신이 나서 '계속 담가야지' 하고 마음먹었다.

수필가로 등단한 지 어언 16년이 흘렀다. 상대가 마음의 문을 먼저 열지 않는 한 내가 먼저 살갑게 접근하지 못해, 문우들과의 교제는 늘 서먹서먹하기만 했다. 강산이 두 번 변할 무렵에야 조금씩 정붙이는 것이 익숙해져가고 있는 것을 느낀다.

올해도 어김없이 홍매실을 구하러 달려갔으나 아쉽게도 때를 놓치고 말았다. 9월 등산에 또 가져가기로 한 약속을 못 지키게 되었다고 남 회장님께 말씀 드렸더니 홍매실을 소재로 글을 써보라 한다.

나이 들어가면서 체질은 바뀐다고 한다. 속이 차서 밀가루, 돼지고기, 참외 등 찬 성질의 음식은 먹지 못했는데, 매실 주스를 즐겨 마신 후 체질이 개선되었다. 이제는 냉한 음식이 모두 소화가 잘 되고 있으니 얼마나 다행인가. 홍매실이 나의 건강 지킴이가 되어주고 있어 든든하고 고맙고 늘 행복하다.

천고마비의 계절, 쾌청한 밤하늘을 올려다보며 그리움에 눈가를 적신다. 별 하나가 유난히도 반짝거린다. '저 별이 매년 홍매실을 챙겨주시던 오빠의 영혼이 아닐까….' 하는 동생의 애절한 마음에 화답이라도 해주듯, 더욱 밝게 반짝인다.

꿈을 싣고 달린 오솔길

홍승만

갈 곳이 어디인지 길을 물어 찾아가는 발걸음은 외롭고 고독한 여정의 오솔길이었다. 하지만 그 길은 오랜 가난을 물리고 풍요로운 삶을 펼쳐 놓은 징검다리 길이었다.

1970년대 초반 나라는 가난했고 국민들은 배고픈 서러움을 겪던 시대였다. 기술은 물론 변변한 자원도 찾기 어려웠지만 그래도 무엇이든 찾아 수출하는 것만이 유일한 살길이라 생각 했었다. 갯지렁이가 바다낚시 미끼로 일본에 수출되면서 서식지를 찾아 서해안 갯벌을 누비고 다니고 있었다. 그때 해남군 땅의 끝에 있다는 바닷가 갯골마을을 찾아 목포에서 도서 지방을 오가는 여객선에 올랐다.

고급 어종의 미끼로 인기가 있는 홍충(紅蟲)이라는 붉은 갯지렁이가 많다는 정보를 듣고 그곳을 찾아 나섰다. 선착장에 도착해 보니 퇴색된 양철지붕의 외딴집 한 채가 있다. 긴 담뱃대를 물고 툇마루에 걸터앉은 노인 한 분이 보였다.

쭈뼛거리며 공손히 노인에게 산이면으로 가는 길을 물었다. "거기는 무슨 일로 가려고 하시오." 하며 마루 위로 올라오라고 한다. 땀에 젖은 모습을 보시더니 부엌으로 들어가 냉수 한 그릇을 들고 나온다. “시골에는 대접할 게 이것밖에 없다고….” 하면서 어서 마시라고 민망한 손짓을 한다. 목마른 참에 벌컥벌컥 마시고 “물맛이 최고입니다.”라 하며 고개 숙여 인사를 드렸다. 샘에서 금방 퍼 올린 물인 듯 가슴속까지 시원하게 적셔주었다.

외진 곳을 찾는 청년에 대한 궁금증을 풀어드리려고 말문을 열었다. 일본에서 여가로 즐기는 바다낚시 미끼로 쓰이는 갯지렁이에 관해 설명했더니, 노인은 서둘러 마루에서 내려가 마당에 있는 경운기 시동을 건다. 걸어서 가기는 좀 먼 길이라며 경운기에 오르라는 것이다. 염치 불구하고 그 경운기에 올랐다. 할아버지가 운전하는 경운기에 타고 가는 미안한 마음을 사해보려 했을까? 나는 좁은 오솔길을 가는 내내 갯지렁이에 대해 신나게 말했다. 할아버지는 그저 고개만 끄덕끄덕 젊은이의 말에 무조건 공감한다는 마음을 전한다.

밤길을 걷는 나그네에게 먼동 트는 새벽이 어둠을 헤치는 활력이라면 그때 갯골 마을을 찾아 경운기에 몸을 실은 노인과 한 청년에게는 외화를 벌 수 있을 거라는 기대에 신바람이 나 있었다.

할아버지는 하루에 한 번 오가는 연락선의 손님들을 상대로 말벗이 되어 주시는 그곳을 지키는 지킴이 같았다. 생각보다 오솔길은 멀었다. 할아버지는 잠시 멈추더니 주머니에서 잘게 자른 신문지를 꺼내 엽연초를 말아 입에 물고 성냥불을 그어 불을 붙인다. 그 시대의 옹색했던 살림살이를 보여주던 한 장면이었지 싶다. 어둡고 좁은 오솔길을 가면서, 언제쯤 길이 넓혀지고 가로등으로 밝혀 이웃 마을을 좀 더 편하게 오갈 수 있을까? 오랜 가난에서 벗어날 수 있기를 기대하는 흥분된 기분으로 좁은 오솔길을 달리고 또 달렸다.

두어 시간여 만에 끝이 보일 듯 말 듯한 갯벌마을에 당도했다. 넓게 펼쳐지는 갯벌을 바라보면서 야! 하고 탄성을 질러본다. 할아버지는 새마을 지도자, 어촌계장, 부녀회장을 내게 소개해 주며 "내가 안내할 수 있는 길은 여기까지요. 다음 길은 젊은이가 새로운 길을 닦아 줘야 하오." 한마디 남기고 경운기에 오르신다. 나는 한 노인의 관심과 열정이 가난에 찌든 어촌마을에 새로운 꿈의 길을 작은 힘으로나마 열어 드리겠다고 다짐한다.

어촌마을 사람들은 쓸모없던 갯지렁이가 외국으로 수출된다는 말을 쉽게 믿지 않았다. 주민들의 관심과 호응을 얻기까지는 많은 설명이 필요했다. 여러 날 동안 함께하면서 자세한 내용을 전달하자 마침내 주민들의 마음이 동요되기 시작했다. 인근 주민들까지 합세하여 본격적으로 홍충을 채취하기 시작했다.

그 후 땅의 끝 주변 갯마을은 홍충 수출로 자연이 주는 감사함을 새삼 깨닫게 되었고 오랜 빈곤에서 벗어나 풍요로움을 누리게 되었다. 하루에 한 번 오가던 목포항 연락선은 1일 2회 운행을 하고, 선착장 할아버지 양철집은 기와집으로 새단장하여 산이면 마을사람들의 쉼터가 되었다. 목포항 연락선에 오가는 손님 중에 대학생 수가 많아졌다는 소식도 들려왔다. 물론 오솔길도 2차선 자동차 전용도로가 되었다.

스스로 제 갈 길을 찾아야 했던 그 시대의 어둡고 외로운 고독한 여정의 오솔길. 샘에서 금방 퍼 올린 냉수 한 그릇을 주시던 노인의 모습과 경운기로 덜덜거리며 가던 조붓한 그때의 길을 추억하면서 밝고 확 트인 꿈의 오솔길, 그 길을 자동차로 달린다.

망각의 대가(代價)

이용섭

중·고등학교 동창이자 대학 동문이기도 한 친구 자녀의 결혼식이다. 유난히 정이 많고 매너 좋은 친구가 아들 장가를 보내는 날이다. 정년퇴직 후 좀처럼 매지 않은 넥타이가 답답하고 조금은 어색하기까지 하다. 친구의 평소 폭넓은 인간관계 덕분인지, 여러 부류의 하객이 몰려 결혼식장은 그야말로 문전성시(門前成市)이다. 식이 끝난 피로연 장소는 나란히 앉아 식사하며 이야기 나눌 여유 공간조차 없다. 한두 명씩 따로 떨어져 식사하던 친구들이, '오랜만에 만났는데 얼굴만 보고 그냥 헤어지기에는 너무 서운하니 식사 후 따로 만나자'고 제안한다.

커피숍에서 다시 만나 서로의 건강과 가족들, 특히 부모님 안녕과 자녀들 혼사에 관한 문제로 이야기를 나누었다. 각자의 여가생활에 관한 이야기를 하다가 자신이 즐겨하는 운동 이야기로 이어졌다. 대부분 현역에서 물러난 탓인지 골프 대신 당구로 취미를 전환했다는 말이 나오자, 어느 누가 먼저랄 것도 없이 자연스럽게 당구장을 찾았다. 여러 명이 편을 갈라 게임을 하였다. 우리 팀이 이겨 게임비를 계산하고 진 팀이 밥을 사기로 하여 식당으로 향했다. 산낙지를 안주삼아 소주잔을 기울이며 이런 저런 화제로 못다 나눈 이야기를 하면서 거나하게 취한 상태가 되었다.

그런데 뜻밖에 당구에서 진 팀 친구들이 "한 번 더 시합을 하여 지는 팀이 게임비와 호프 값을 모두 내도록 하자."며 도전을 해왔다. 못이기는 척 응하였는데, 한 번 진 팀이 이기기 어려웠던지 이번에도 우리 팀이 이겼다. 다시 호프집으로 이동하여 입가심을 핑계로 한 병 또 한 병, 맥주를 마시며 시간가는 줄 몰랐다. 새벽 2시. 걱정스러워하는 아내의 전화를 받고서야 시간이 너무 지체되었다는 것을 알았다. 서둘러 모임을 파하였지만, 이미 평소 주량보다 많이 마신 탓인지 귀가하는 동안 택시 안에서 몸이 흔들리는 걸 느꼈다.

회사원으로 근무할 때 비즈니스를 핑계로 과음한 다음날이면, 불편한 속 때문에 아침을 거른 채 30분 출근길을 한 시간 넘게 걸려 사무실에 도착하곤 하였다. 울렁증으로 택시를 타고 내리기 반복하면서 가야했기 때문이다. 그럴 때마다 '다시 술을 많이 마시면 내가 사람이 아니다.'라며 스스로의 약속과 다짐을 하였다.

늦은 잠에도 불구하고 이른 시간에 눈이 떠진다. 간밤에 무모하게 마셔댄 술이 반응을 하는지 천장이 빙글빙글 돌며 속이 메슥거리기 시작한다. 지체없이 화장실로 뛰어가 변기를 부여안고 토악질을 해댄다. "모임 때마다 술 좀 적게 마시라고 하는데, 그 소원 들어주는 게 뭐 그리 어렵다고…."라는 아내의 볼멘소리가 등 뒤에서 들린다. 거기에 대꾸하여 '잔소리 대신 해장국이나 끓여주시오!'라는 말은 아무래도 만용이지 싶어 차마 입 밖으로 내지 못한 채 입안에서 맴돌다 만다.

'사람은 망각(妄覺)의 동물'이라고 한다. 하여 나도 스스로의 약속과 다짐을 잊고 과음을 하게 된 것이라 치자. 그런데 '인간에게 망각은 오히려 축복이다'라는 말은 또 무엇인가? 쓰린 배를 부여잡고 망각의 대가(代價)인 고통을 고스란히 온몸으로 치르며 후회하는 '나'인데….

망각으로 인한 더 큰 대가를 치르기 전에, 삑삑 요란하게 소리 나는 음주측정기를 지니고 다니든가 아내의 잔소리를 휴대폰에 녹음하여 경고음처럼 울리게 하는 등 특단의 대책이라도 세워야 할까보다.

소리의 빛

윤옥희

나는, 나를 만나는 날이 있다.

글은 눈으로만 읽는 거라고 생각했던, 내 생각이 얼마나 짧은 것인지 좀 부끄러운 생각이 든다. 누군가에게 마음속 청각으로 느끼며 들을 수 있는 것임을, 남을 위해 실행하시는 분들의 마음에 감사하는 마음이다. 흔히 더불어 살아가는 세상이라고 한다. 듣기엔 참 좋은 말인데 실제생활 속에선 우리는 무심코 우리 자신의 중심으로 생각하기 쉽기에 더불어 살아가는 이들을 잊곤 한다.

그뿐이랴, 사람과 자연 속에서 우리는 조화를 이루고 더불어 살아가는 것임을! 더위가 지나자 뜰밖에 분꽃, 채송화, 노랗게 피었다. 비 그치자 고추잠자리 몰려와 날개를 반짝이며 날아다닌다. 여러 날 내린 비에 눅눅해진 날개를 말리며 신나게 날아다니다가, 감나무 잎에도 앉아 쉬고, 무화과 열매 위에도 앉아 쉬며 장난친다. 잠자리 날아다니는 맑은 하늘에 시원한 매미소리에 귀를 돌리노라면 청아한 소리와 반짝이는 그 빛깔, 곧 황홀한 소리의 빛에 놀란다.

식물과 날짐승 사람과 사람, 좋은 사람들과 좋은 만남으로 보내는 하루는 가슴이 뿌듯하다. 살아오면서 알게 된 사람이든 모임에서 만난 친구, 배우면서 만난 학우들, 새로운 사람, 이웃들과 만나는 것은 즐거운 일이다. 수첩 속 빼곡하게 적힌 일정표 속에는 반드시 사람을 만나는 일이 들어있다. 좋은 친구를 만나서 유익하게 시간을 보내는 날은 감사의 기도를 드린다. 그러면 내 안의 나도 빙그레 웃는다.

귀에는 반짝반짝 빛을 내는 그리운 목소리의 빛, 나의 일정표 수첩에 비어있는 날이 있다. 수첩의 메모 칸 안에 4~5일 계속해서 만나야 하는 사람과 학우들, 해야 할 일이 적혀 있는데, 아무것도 쓰여 있지 않은 날은 나를 만나는 날이다.

다른 사람을 만나는 날 그를 위해 신경을 썼던 것처럼, 나를 만나는 날은 나를 위해 시간을 보낸다. 며칠 만에 나를 위해 음악을 들려주는 즐거운 소리의 빛, 시도 읽어주고, 정을 담아 보내온 수필집도 소리 내어 나에게 들려주는 소리의 빛, 아침햇살이지요. 무엇보다도 맑은 바람을 만나게 한다.

담장 옆 백일홍에 참새들 포롱포롱 배배거리는 소리는 간드러진 음악이고, 15년 전에 문우선배님께서 주신 바나나 나무, 마당 한 평을 차지하고 담을 넘는 푸른 잎은 여름 내내 시원한 바람을 몰고 온다. 멋들어진 바나나 송이는 이웃의 마음도 살근살근 간질인다. 잎에서 나는 바람소리는 '나는 너를 만나 행복하다'며 파란 하늘빛 고요 속에 가만히 있게 한다.

이런 날, 나는 편안히 누워 계곡물 흐르는 소리를 환청으로 듣다 잠이 들기도 한다. '쪽잠 속의 환청', 곧 더운 날 농부들이 벼논을 매는 거친 소리도 들리고, 어머니의 베 짜는 소리도 찰칵찰칵, 동생들의 글 읽는 아름다운 소리가 내 귀를 청정하게 한다. 그렇게 하루를 보내는 동안 몸도 마음도 가벼워진다. 소낙비 지나고 햇빛이 반짝이면, 몸에는 풀 냄새, 나뭇잎 냄새가 배이고 마음에는 바람 소리, 풀벌레 소리가 쌓인다. 그런 소리들이 나에게는 건강의 비결이요 재산이라. 내가 잠깐 베고 누웠던 구름 베개, 내 귀를 씻은 물소리는 내 안에 들어와 여전히 제 빛깔 제 소리로 살아있는 느낌이다.

이런 날 나에게 잠자리처럼 날개가 있다면, 맑고 투명한 창공을 향해 날 것 같다. 그런 충만한 얼굴로 옥빛 하늘을 바라본다. 그래서 나는 텅 비어있는 날이 좋다. 어떤 때는 다른 사람과 만나는 일정을 조정해서 하루쯤은 더 비워둔다. 내가 나를 만나는 일도 중요한 일정 약속이라 바꿀 수 없는 약속이니까. 내가 나를 돌보고 배려해야 할 삶이 있기 때문이다.

흔히 더불어 살아가는 세상이라고 한다. 주보에서 읽은 '마음을 두드리는 빛의 소리'다. 서울성동장애인 종합복지관 녹음봉사회, 10년이 넘는 동안 묵묵히 마이크 앞에 앉으신 분들을 통해, 빛은 보일 뿐만이 아니라 귀에 들리기도 하는 하늘의 은총임을 깨닫는다.

그동안 변변치 않은 나의 글도 한줄기 소리의 빛으로 낭독해 주신 분들을 위해 마음 깊은 곳에서 부터 감사의 기도를 드리고 싶다. 세상에 빛으로 오신 분을 찬미하고, 보이기도 들리기도 하는 신비한 사랑의 빛에 감사드린다.

하늘과 땅 곧 자연의 소리, 음악소리, 추억 속 어머니의 베 짜는 소리, 시를 낭송하고 글 읽는 소리들을 빛으로 느끼고 듣는다. 내가 나를 만나는 시간, 아름다운 소리의 빛 속에 나는 행복하다.

시간을 스트레칭하다

박 연 숙

중복, 대서 지나고 장마철이다. 그래서인지 어젯밤에는 고온다습하고 게다가 요란한 바람 춤 소리에 잠을 설쳤다. 마지막 더위이길 바라면서…. 헬스장에 와서 잘 안 쓰는 근육을 스트레칭 하면서 생각한다, 시간도 스트레칭, 리프팅해야 되지 않을까. 구겨진 시간, 늘어진 시간, 조급한 시간, 구멍난 시간, 헛된 망상의 시간 등. 일상의 반복이 아닌, 습관적인 삶이 아니라 자기 호흡과 삶의 자세를 항상 바라보면서 점검하고 다양한 체험과 창작의 시간이 필요하다는 것을.

시간은 누구에게나 공평하다. 부자이건 가난한자 이건 거꾸로 흐르지도 않는다. 철학도 종교도 없이 흔들림이 없다. 담장도 호수도 아닌데 누구도 뛰어넘을 수도 없다. 동계올림픽에서 스피드스케이트의 금메달과 은메달의 0.01초의 냉혹한 차이처럼, 생과사의 갈림길에서도 시간은 망설임이 없다는 것을.

흐르는 물은 시간의 게스트하우스다. 흐르는 물은 노마드, 정처가 없다.

개여울이든 강물이나 바다이든 시간의 물과 팔짱끼고 발맞추며 멀고도 긴 데이트를 한다. 좀 더 가까이 그의 체온과 포개고. 기억을 흔들어 추억을 소환하고 베일에 가려진 미래도 체포해보면서.

나는 지금도 흐르고 있는 시간을 눈을 감고 음미한다.

환상의 새가 고요히 쉰다. 오팔 그린 들판에 이제 허허로운 적요는 산산조각 흩어지고 세루리언 블루 차일이 난만한 저 공중 여백에 갈대밭 어린 비비새는 잔가지 물고 와 는개 빗줄기에 '위풍당당 행진곡' 음표를 한 소절 긋고 간다.

직박구리는 꽃을 음미하고 목청껏 아카펠라로 행진곡을 연주하는데, 물봉선은 꽃병도 없이 어딘가 고아하게 봉황처럼 앉아있다. 유영하는 송사리 떼는 삶의 구김살을 배접하느라 분주하고, 무심한 달빛은 시심을 흔들어 본성에 희열을 꽂는데 '아테네 학당'*에서는 흐름의 철학 낱말들이 부들처럼 일어선다.

허공을 나는 새처럼 걸림 없이 멀리 흘러가기도 하지만 때론 바위를 만나서 휘모리장단으로 흔들리다가도 잠깐 멈추는 듯 웅건하게 돌아가기도 한다.

흐르는 물은 영원한 디아스포라, 시간의 물과 애틋하게 밀착토크하면서 시방 난 데이트 중이다. 시간을 스트레칭하면서.

우리는 시간을 거슬러갈 수 없다. 흐름에 따라 적극적으로 긍정적으로 자기를 바라보면서 자기를 믿으며 함께 동행을 해야 하지 않을까 생각한다. 지금도 우리는 시간 위에서 시간과 대결하고 있지는 않은지. 시간은 고요히 나를 바라보고 미소지을 뿐인데.

*아테네 학당: 라파엘로 산치오의 그림으로 약 60여 명에 가까운 철학자들이 와플 모양의 반원형의 천장에서 각기 다른 자세로 토론하는 모습이다.

키 스

조순배

길을 걷다보면 '키스방'이라는 상호가 눈에 자주 뜨인다. 백과사전에는 키스를 판매하는 업소이고, 2009년부터 시작되었다고 적혀있다.

입술을 파는 것도 직업이 될 수 있다는 현실에 아연해진다. 그것도 젊은 여성들이 입술을 파는 직업을 돈을 벌기 위해 구한다는 현실에, 앞으로 얼마나 더 놀랄 일이 일어날까 걱정이 된다.

인터넷에 올려있는 어느 몰카남의 글을 보았다. 돈을 지불하면 커튼이 쳐 있는 작은방으로 안내되고 방안에는 긴 의자 한 개와 작은 의자 두 개가 놓여있다. 얼마쯤 지나니 이십대로 보이는 여자가 들어와 의자에 앉으며 양치질하기를 권했다. 그녀의 말은 이곳에 출입하는 남자들의 연령대는 이십 대부터 육십 대까지 구별 없이 다양하며 옷차림까지도 요구하는 손님도 있다. 그래서 옷 방에는 간호원복, 학생복, 요리사복, 여장교복, 하녀의 옷과 공주드레스 등 여러 가지의 옷이 준비 되어 있다. 키스 방에 출근하는 여성들의 나이는 이십 대가 대부분이다.

예술의 전당 미술관에서 뭉크 전을 감상했다. '절규'의 작가로 명성이 나 있는 화가. 그의 그림들은 대부분 어둡고 불안해 보였다. 다섯 살에 겪은 어머니의 죽음과 누이의 죽음 그리고 아버지의 우울한 성격 등으로 평생 죽음의 공포와 불안을 떨쳐버리지 못하고 살았다니, 어쩌면 그가 자란 환경 때문이 아닐까 짐작해 봤다.

사람들이 몰려있는 '키스'라는 그림 앞에 섰다. 두 남녀가 깊이 끌어안고 키스하는 그림이다. 서로에게 몰두하는 남녀는 오롯이 둘 뿐인 세계에 있는 듯했다. 서로의 그림자에 가려진 형상은 한 몸으로 녹아 있는 것처럼 보였고 영원으로 기억될 순간이 무엇엔가 쫓기는 듯 절박해 보였다. 그래서인지 그들의 모습이 아름다워 보이기보다는 슬퍼보였다.

두 남녀가 안고 있는 다른 그림 앞에 선다. '키스 하는 여자'로 발표된 작품인데 이곳에선 '뱀파이어'로 작품명이 붙어있다. 무방비 상태인 남자의 몸 위로 문어의 촉수 같은 머리칼을 늘어트린 여자가 남자의 두 팔을 붙들고 목덜미를 물고 있다. 목숨처럼 사랑해서 그의 몸에 상처를 내어 한 몸이 되려는 간절한 사랑을 나타내려 했을까, 아니면 여인의 사랑으로 한 남성이 파멸하는 과정을 말하고 싶었을까. 뭉크는 생전에 여러 명의 여인과 사랑을 했으나 행복하지 못했다. 죽도록 사랑했던 '다고나'가 그의 친구와 사랑에 빠져 뭉크의 곁을 떠나고 말았다. 그래서 그는 '뱀파이어' 그림을 그려서 상처받은 마음을 달래려 하지 않았을까.

작품 앞에서 한 관람객이 스마트폰을 열고 클림트의 키스와 비교하고 있다. 나도 클림트의 키스를 떠올렸다. 황금빛 옷. 황금빛 안개. 한 몸이 된 그들의 발밑에 피어있는 작은 꽃들로 신비롭고 몽환적으로 보였다. 황금빛 안개가 부둥켜안은 그들을 하나로 묶고 있다. 하늘에는 황금가루처럼 반짝이는 별들이 가득 펼쳐있고, 머리를 꽃으로 장식한 여인은 두 눈을 감은 채 무아지경에 빠진 듯 보였다. 입고 있는 여유로운 옷은 금빛 꽃무늬이고 그녀의 머리를 안은 남자의 커다란 두 손위에 가냘픈 여인의 손이 얹쳐있다. 맨발인 그녀의 몸에서는 꽃향기가 터질 듯 느껴졌다. 우주의 한 귀퉁이 오직 둘 만이 존재하는 세계, 그들의 결합이 온 우주를 담고 있다. 모든 것이 멈추어진 듯한 느낌. 그런데 맨발인 그녀의 발목을 묶고 있는 발찌는 여인의 영혼까지 묶고 싶어 하는 작가의 마음일까.

뭉크와 클림트가 서로 다르고, 사람에 따라 사는 모습이 서로 다른 것 같이, 느끼는 감정 또한 같을 수 없음을 생각했다. 남녀가 서로 사랑하고 그것을 확인하는 첫 단계가 키스라 여겨진다. '첫 키스를 할 때 하늘에서 종소리가 들린다'고 어떤 이가 표현한 것을 보면, 키스는 사랑하는 사람들이 하는 행위 중에 가장 아름다운 것이 아닐까 싶기도 하다.

아무 감정 없이 입술을 팔고 사는 사람들이 안타깝다. 예술가들이 나타내는 신비스러움이나 황홀한 아름다움은 아니더라도 키스는 사랑하는 사람들 사이에 소중하게 간직될 아름다운 비밀이었으면 좋겠다는 생각을 해본다.

캘러웨이의 은행나무

양혜원

목이 칼칼하다. 어제 미세먼지 나쁨 예보에도 하루 종일 나돌아 다닌 탓인가. 아니면 변덕이 심한 날씨 탓인가. 천연항생제인 프로폴리스를 찾으려고 냉장고를 열었다. 찾다보니 은행가루가 눈에 띄었다. 아직도 남아 있었네. 친정어머니께서 만들어 주셨으니 도대체 얼마나 된 것인지. 냉장고를 정리할 때마다 오래된 재료들은 다 버렸지만 이것만은 절대 버릴 수가 없었겠지. 은행가루를 만들기 위해서 얼마나 품이 드는지 아는 나에겐.

벌써 삼십년이 지난 일이다. 남편이 회사생활 중에 다시 공부하고 싶어 했다. 다소 늦은 나이였다. 그래도 유학을 떠났다. 도착한 이국땅은 모든 것이 낯설었다. 바람의 냄새도 햇볕도 너무 뜨겁거나 투명했다. 아파트 화단에 피어 있는 꽃도 처음 보는 것이 많았다. 지나치게 큰 나무도 생소했다. 마음 탓인가. 내가 살았던 학교 아파트는 캘러웨이라고 불렀다.

처음 살아보는 그곳에서 어린 딸과 캘러웨이 정원을 걷는 것이 유일한 외출이었다. 그렇게 몇 달이 지났다. 이제 눈에 조금씩 익어가는 풍경 속에 노오란 잎사귀가 손을 내밀었다. 은행나무였다. 서울에서 자주 보았던 나무라는 것 하나 만으로도 무척 반가웠다.

유학생의 생활은 단조로웠다. 학교와 집을 오가는. 하기야 먼 이국땅에 공부를 하고자 떠나왔으니 너나 할 것 없이 여유가 없었다. 특히 공부하는 것 이외에 시간은 더욱더 그랬다. 나도 낯선 언어와 생소한 문화에 힘들었다. 주말도 그들에게 쉬는 시간이 아니라, 그곳에서 나고 자란 학생을 따라 잡아야 하는 치열한 시간일 뿐이다. 잠이 부족해 쩔쩔매는 그들에게 집에만 있어 답답하다고 하는 건 사치였다. 하지만 유학생부부들은 서로 신경이 날카로울 때는 심하게 다투기도 했다. 나도 그랬다.

내가 운전면허를 따기 전까지는 슈퍼에 가는 시간도 내기 어려웠다. 한 달에 한두 번이 고작이었다. 외출이 힘든 어린 딸아이는 슈퍼마켓에 간다고 하면 만세를 불렀다. 자주 장을 못 보니 먹을거리에 아쉬운 것이 많았다. 그 어렵다는 박사과정 자격시험은 가족에게도 사활이 달린 일이다. 시험에 떨어지면 다른 학교를 찾거나 아무 소득도 없이 한국으로 돌아가야 한다. 간간이 떨어지고 떠나는 이들을 보면서, 아내들과 아이들은 잘 견디어 내는 수밖에 없다. 시간은 너무나 천천히 흘러갔다.

그러다 누군가 무사히 시험을 통과하면 모두 모여서 밥을 먹는다. 유학생들 끼리 함께 모여서 밥을 먹는 날에 아이들은 흥분이 되어 늦게까지 잠을 이루지 못했다. 딸아이는 평소에 외롭게 지내다 누가 집에 오면 흥분하고, 손님이 떠날 때는 바짓가랑이를 잡고 운다. 그가 누구이건 간에.

우리 부부는 다른 학생들보다 나이가 많아 우리 집에서 모이는 경우가 많았다. 다행히 한국에 비해 고기나 야채 등 음식재료가 저렴했다. 하지만 한식재료는 구하기 힘든 때였다. 그래도 밥상차림은 주로 한식이었다. 불고기, 잡채, 빈대떡, 청포묵, 과일 샐러드, 편육 그리고 두부김치 같은. 파 한 단도 사는 것도 망설이는 유학생 부부들에겐 모여서 밥 한 끼 먹는 것은 단순한 허기 채움만 이 아니었다. 고향 음식으로 다시 힘을 내는 영혼의 음식이기도 했다.

가을이 깊어가는 어느 날, 놀이터 근처에서 놀 던 딸아이 발밑에 찐득한 무언가가 엉겨 붙어 고약한 냄새를 풍겼다. 처음엔 애완동물의 배설물인가 싶었다. 급히 휴지로 떼어내며 보니 노르스름한 그 속에 허연 알맹이가 보였다. 자세히 들여다보니 은행이었다. 그제야 주위를 둘러보니 어마하게 많은 열매가 지독한 악취를 풍기며 나뒹굴어 있었다. 도망치듯 그곳을 벗어났다.

무엇이든 아쉬운 것이 많았던 시절, 어려서 음식에 들어 있어도 쌉싸름한 맛만 있어 엄마 몰래 뱉었던 은행. 그 은행이 지천인데 조금씩 먹으면 몸에 이롭다고 했다. 며칠 후 그 지독한 악취를 참아가며 꽤 많은 은행을 아파트 베란다에 가져다 놓았다. 딸아이가 낮잠을 자는 틈틈이 물컹한 껍질을 벗겨 하얀 은행 알을 건져내었다. 일주일 만에 다 벗기고 일주일은 바싹 말려서 은행 알을 까는 작업까지 했다. 다 하고 보니 온전한 것보다 으스러진 것이 많았지만 너무나 뿌듯했다. 어떻게 먹을까 이리 저리 생각했다. 고기 찜에 고명으로 쓰기엔 양도 많았고, 기왕이면 맛있게 먹고 싶었다. 품이 많이 든 까탈스런 음식답게 구워도 보고 다른 것과 섞어도 보고…, 결국

엔 은행 본연의 맛인 프라이팬에 살살 구워 식후에 먹는 디저트로 결정했다.

한국에서는 나에게 주목조차 받지 못할 재료인 은행이 구이로 손님상에 올라 이쑤시개에 서너 알씩 꿰인 채 남부러울 것 없는 자태를 뽐내곤 하였다. 이제 생각해 보니 학생부부들을 초대해 밥상을 챙기다 보니 시간이 순하게 흘러갔다. 내겐 깊어가는 가을이 노오란 은행잎의 아름다움과 그 열매의 기쁨을 주던 고마운 계절이기도 했다. 시간이 천천히 가는 곳에서 시간이 깃든 음식이 필요한 것이었나 보다.

프로폴리스가 반짝 목을 낫게 할 테지만, 바람과 햇빛의 도움으로 정성스럽게 만든 어머니의 은행가루 한 스푼을 입속으로 털어 넣었다.

갑자기 캘러웨이의 은행나무가 몹시 보고 싶었다.

노래한다 錦繡江山

- 寒齋祠堂의 역사 향기를 찾아서

任奉壎(佳山)

한재사당이란 어떤 곳일까? 李貞觀公 穆(목)의 追慕 처이다. 경기도 金浦市(金陵) 霞城面(하성면) 佳金里(가금리)에 있다. 江村이 絶景이다. 金剛山과 太白山샘 물줄기가 源泉(원천)이다. 長流의 명승지 漢江과 白雲溪谷의 漢灘(한탄)江과 萬景山溪谷 및 九龍江(平康郡) 江流와 合水한 臨津江(임진강)은 黃海道開城과 香爐(향로)봉, 新谷(신곡)저수지와 支石(지석)천 등지에서 흐르는 禮成(례성)강과 西海(黃海)로 合流한다. 그 길목에 愛妓峰(애기봉) 鳳麓(봉록)이 있다. 江山에 아롱진 歷史현장을 탐방한다. 檀紀4352年(2019) 7月 20日이다.

잊혀지거나 숨어있는 역사현장을 찾아 밝혀온 지 30년의 5회次 東天書塾同友會이다. '史籍, 詩律論題'인 「노래한다. 錦繡江山」 「漢詩와 紀行」은 月刊紙(한글+漢字문화)와 創作隨筆, 冬栢文學, 同人誌 등에 起稿하여 온 지 오래이다. 10년이면 江山이 변한다고 한다. 20星霜이 다가오고 있다. 세월은 流水와 같다고 하나, 無常한 歲月이다. 조선조 戊午史禍(무오사화)와 甲子士禍(갑자사화) 및 剖棺斬屍(부관참시)

에 얽힌 한 토막이야기이다. 彈劾諫諍(탄핵간쟁)과 伸冤雪恥(신원설치)의 閭門祕史는 祠宇역사에서 특이하고 흥미로운 '寒齋茶亭'이 있다.

살펴보건대, 朝鮮조(1471, 成宗2년~1498년, 연산군4) 문신, 자는 中甕(중옹), 호는 寒齋, 본관은 전주 '개국공신 伯由(백유)의 후손, 閏生(윤생)'의 아들이다. 金宗直(김종직)의 문인으로 19歲時 進士試에 합격한다. 성균관 儒生으로 있을 때이다. 王大妃(왕대비)가 成均館에 淫祠(음사)를 설치하여 巫堂(무당)을 부르자 이를 쫓아냈으며, 한편 유생을 이끌고 尹弼商(윤필상)을 彈劾(탄핵)하다가 공주에 付處(부처)되었다. 뒤에 풀려나와 1495년(연산군1), 增廣文科(증광문과)에 壯元, 賜暇讀書(사가독서)를 했고 典籍(전적)으로 宗學司誨(종학사회)를 겸하고, 이어 永安道評事가 되었다. 1495년(燕山君4) 戊午史禍(무오사화)에 尹弼商(윤필상)의 모함을 받고 金馹孫(김일손), 權五福 등과 함께 사형되었다. 甲子士禍(갑자사화: 1504)때 다시 剖棺斬屍(부관참시)되었다가 뒤에 伸冤(신원), 이조 판서에 추증, 공주의 忠賢書院에祭享(제향)되었다. 諡號(시호)는 貞觀이다. 「著書」 李評事集. 「文獻」 燕山君日記. 木溪逸稿. 燃藜室記述. 國朝人物考. →「出處」 韓國人物大事典이다.

무덥다. 30度를 오르내리는 여름 날씨다. 三三五五함께 한 初行(초행)길에, 文友들은 自家用과 택시 편으로 佳金里를 찾아간다. 거미줄처럼 얽어진 도로는 世界12권 經濟大國을 증명이라도 하듯이 車輛洪水이다. 集約된 기술은 雨後竹筍의 신도시개발에 여념이 없어 보인다. 名聲 높았던 金陵골 穀倉地帶가 아니던가. 漢江奇蹟의 경재발전과는 逆比例(역비례) 하는 것은 아닌지, 想念에 빠진다.

案內者 '내비게이션'은 길잡이에 萬能이다. 강을 건너니 시원하게

트인 길이 넓은廣野를 가로지른다. 廣闊한 黃金 벌을 뒤돌아보게 한다. 땀에 젖은 모내기 가락은 '農者天下之大本'이라 하였다. 땀방울이 맺은 열매, 가을걷이는 豐饒를 노래하게한다. 지난날들이 창가에서 아롱거린다. 좁은 길, 골목길, 굽이를 돌고 돌아, 꼬불꼬불 고개를 넘어간다. 愛妓峯(애기봉) 팻말이 반긴다. 休戰線이 가까워질수록 生態界는 살아있었다. 鬱蒼(울창)한 松柏과 맑고 푸른 하늘에 浮雲(부운)과 아우러진다. 키 높이 30미터쯤 되는 銀杏(은행)나무들이 시선을 멈추게 한다. 아름답다. 대자연의 饗宴(향연)이다. 이곳에 함께한 紅箭門(홍살문)이 肅然해진다. 丹靑祠堂과 瓦屋들이 우뚝 솟아있고 古風스럽다. 구름과 노을에 싸인 산봉우리들이 저 멀리에서 손짓을 한다. 바다위에 떠있는 섬처럼 보인다. 첩첩산골의 그림자 같은 仙境이다. 絶景이다.

솔바람이 시원하게 불어온다. 다락에 오른다. 蓮華(연화)池의 붉고 하얀 꽃바람은 땀을 씻어준다. 墓園(묘원)에 있는 '寒齋茶亭(한재다정)'이다. 風流人에게는 안성맞춤이다. 全香阿作家는 음료와 다과를 준비 한다. 다락을 에워싼 짙은 향기에 南風이 산들산들 불어온다. 軟綠色茶園(연록색다원)에 물결이 인다. 先人들의 멋을 일깨워 준다. 中觀崔權興선생의 강론에 이어 騷人墨客들의 高聲이 울린다. 詩人이요, 詩唱 심사위원인 洪永杓(홍영표) 박사가 선창을 한다. 회원들의 韻律(운율)은 寂寞(적막)을 깨뜨린다. '茶亭風月'의 향연이다. '寒齋祠堂(한재사당)'의 作詩元韻(작시원운. 中觀 崔權興)을 노래하고 읊는다.

「時調(시조)」 '임금께 올릴 말씀, 곧은 말 아니겠나, 나라를 생각하면, 목숨도 가벼우니, 서른이 안 되었으나, 아깝잖은 이 한 몸' 定型(정형) 시조唱이다. →「漢詩」'昔日其誰重國虞, 金陵停轡一祠膴. 飛檐瓦屋神宮肅, 螭首墓碑龜背砆. 領相烹刑奸鬼疏, 公州流解史詨殊. 茶文創作築亭裡, 而立未充如大儒.'이다. 七言律詩는 次韻(차운)으로, 詩調(시조)는 賡歌(갱가)로 이어진다. 風月主人이 따로 없다! 淸風明月의 鼓笛(고적)은 詩想으로 머물게 한다. 짙은 연꽃향기에 강바람 불어오고, 茶話(다화) 향연은 甘食(감식)시간을 놓치게 한다. 계약한 식당에서 전화벨이 요란하다. 역사는 기록하고 전한다.

中國正史(중국정사)의 東夷傳(동이전)에 다음과 같은 글귀가 있다. '東夷率皆土着(동이솔개토착)하야 憙飮酒歌舞(희음주가무)하고 或冠弁衣錦(혹관변의금)과 器用俎豆(기용조두)라. 所謂中國失禮(소위중국실례)면 求之四夷者也(구지사이자야)'라고 하였다. 즉, '土着民(토착민)으로 동이족은 飮酒歌舞(음주가무)를 즐기고 中國이 禮를잃으면 求하기를 四夷사람들에게서'라고 하였다. 孔子는 물음에 答하기를 "信也! 믿는다. 믿을 만하다."라고 紀錄(기록)으로 전하고 있다. 애기봉산기슭에 울리는 노래는 東夷族의 전통이요 底力(저력)이다. 紅箭門경내의 墓園(묘원) 「貞觀齋(정관재). 寒齋祠堂(한재사당)」에 자리한 '寒齋茶亭(한재다정)'은 유일한 '茶 亭(子)' 문화의 史蹟(사적)이 아닐까?

전하기를 '茶父(다부) 寒齋李穆의 茶道'라 하고『기뻐서 茶를 노래하노라』에서 저자(박남식)는 다음과 같이「詩 글」을 책(366쪽)으로 전하고 있다. 글 가운데 '茶六德(다 육덕)'이라는 말이 있다. '나는 차(茶)에 六德이 있음을 뒤에 알았노라. 사람으로 하여금 長壽(장수)하게 하니 帝堯(제요)와 大舜(대순)의 德을 갖춘 것이요. 사람으로 하여금 병을 고치게 하니 兪跗(유부)와 扁鵲(편작)의 德이 있는 것이요.

사람으로 하여금 기를 맑게 함에 伯夷(백이)와 楊震(양진)의 덕을 갖춤이요. 사람으로 하여금 마음을 편안케 하니 二老나 四皓(사호)의 덕을 갖춤이요. 사람으로 하여금 신선이 되게 하니 皇帝(황제)나 老子(노자)의 덕을 갖춤이요. 사람으로 하여금 예를 표할 수 있게 하니 姬公(희공)과 仲尼(중니)의 덕을 갖춤이라'라고 하였다. 原文(원문)은 "吾然後知, 茶之又有六德也"라. '使人壽脩, 有帝堯大舜之德焉. 使人病己, 有兪附扁鵲之德焉. 使人氣清, 有伯夷楊震之德焉. 使人心逸, 有二老四皓之德焉. 使人仙, 有皇帝老子之德焉. 使人禮, 有姬公仲尼之德焉'이다.

寒齋 李穆은 風流와 깊은 學識을 갖추었을 뿐 아니라 松柏志行의 儒士임을 엿볼 수 있다. 而立에 생을 마감한 貞觀(정관)공의 절의와 忠國氣槪는 후인들의 귀감이요 숭앙을 받음이다. 愛妓峰 鳳麓에 서려있는 뜻 깊은 歷史探訪이다. 長江灣曲(장강만곡)의 餘韻(여운)과 금수강산事跡(사적)을 일깨워 준 알찬 하루였다. 現代史의 象徵(상징)인 漢江奇蹟을 되새겨본다. 金陵골에서 '茶亭風月'을 읊고 새기고, 七言律詩에 담아 노래한다.

寒齋祠堂

지은이 佳山任 奉壎
때 檀紀4352年(2019) 7月 20日

常夏茶亭傑士虞 常夏의 금릉골茶亭은 호걸과 문사들이 즐기는데
妓峯祠宇共徘膴 愛妓 봉록의 祠宇는 膴膴를 함께하며 노닐고 있네.
三江合水飛湍弄 임진, 례성, 한강이 합수하니 여울물이 희롱하고

七律長流鼓笛砆 七律이 흐르는 긴 물결에는 鼓笛이 구슬이로구나.
雲海志行彈劾諫 운해같은 지조와 덕행은 탄핵으로 諫諍을 하는데
茫洋孤帆死交殊 망망대양의 고독한 帆船은 死生契闊의 참수로다.
伸冤秘史旌門馥 伸冤雪恥에 숨은 역사는 旌門에서 향기피우니
當日吟歌降福儒 오늘 읊고 이어 부른 노래는 大儒의 강복이로다.

*註: 茶亭(寒齋茶亭)~寒齋 李穆은 태생지금릉에서 차(茶)를 가꾸어 마시며, 風月을 즐기던 정자이다. 常夏~음력 六月. 傑士~걸출한 선비(豪傑과 文士). 虞~생각할 우. 근심, 극정 우. 즐길 우(즐거워 함). 妓峰(愛妓 峰麓)~애기봉 산기슭. 麓~산기슭 록. 騷~떠들 소(떠들다. 떠들썩하다. 떠들다). 騷人~詩人, 文士→騷人墨客(시문서화를 일삼는 사람). 祠宇~祠堂(사당). 江村~강가에 있는 마을→한강은 臨津江(임진강)과 합수하여 하성면 애기봉과 가금리를 끼고 흐른다. 膴~(1)法也<詩經-小雅召旻>. (2)脯也(포 무: 뼈 없는 乾肉)<儀禮-皆加膴祭于其上>. (3)大也(클 무). (4)多也(많을 무). (5)厚也(두터울 후)<詩經-大雅緜. •緜:햇솜 면. 깃술 묘>. (6)美也<詩經-則無膴仕>. [膴膴(무무)~땅이 기름져서 아름다운 모양. ≪詩經≫周原膴膴] 膴~(1)포 무(뼈 없는 乾肉. 또 크게 벤 고기). 크게 저민 고기. 長流~멀리 길게 흐르는 강. 곧, 한강(北漢江과 南漢江)과 臨津江을 이름. 茫茫(茫茫大洋)孤帆~雲海 같은 志操와 德行의 對句로서 領議政(現 國務總理)을 彈劾上訴하는 諫諍(諫爭)으로 28세의나이로 죽음에 이르는, 孤獨한 政爭을 比喩함이다(마치 망망대양에 홀로 떠다니는 범선처럼). 妓峰~愛妓峰(애기 봉)~사랑하는 기생 봉우리. 砆~옥돌 부. 松柏之操~송백이 四時에 그 빛을 변치 않음과 같은 굳은 절개. 訴~아뢸 소(위에 신고함 '上有德義, 故敢告訴≪史記≫). 하소연할 소(冤痛한 일을 呼訴 함, 訴願). 諫~간할 간(간하다. 간하는 말). 諫諍(爭)~간하여 다툼. 殊~벨 수(베어 죽임). 결심할 수. 다를 수(틀림). 뛰어날 수(特異 함). 클 수. 死交(사교)~죽을 때까지 변하지 아니하는 교분(同苦同樂). 死生契闊(사생계활)~死生을 같이하기로 約束하고 同苦同樂함. 伸冤(신원)~가슴에 얽힌 원한을 풀어버림. 伸冤雪恥~원한을 풀고 치욕을 씻어 버림. 旌~旗 정. 나타낼 정(표시함, 밝힘). 旌旗~表彰함. 旌閭~忠臣. 孝子. 烈女등을, 그 살던 고을에 旌門을 세워 표창함. 旌門~충신 효자 烈女 등을 표창하기위하여 그 집 앞에 세운 붉은 문(紅門). 旌鼓~旗와 북. •旌閭, 紅門~紅箭門(홍살문). 賡~이을 갱(잇다. 계승하다. 갚다). 賡歌(갱가)~남과 같이 노래를 서로 이어 부름.

제부도의 낭만(浪漫)

김 명 원

『인생의 향기』 수필집을 발간하여 여러 지인들에게 배송하고, 고향 마을 후배에게도 보내주고 싶어 전화를 했다. 반가워하며 주소를 알려 주지 않고 무조건 만나자는 것이다. 그러면서 점심을 대접하고 싶다며 서울 쪽으로 오겠다고 한다. 내가 바람도 쏘일 겸 인천으로 가는 것이 좋겠다는 생각이 들어 인천남동구청 정문에서 만나기로 약속을 했다.

차를 몰고 집사람과 같이 집을 나섰다. 영동고속도로를 한 시간여 달려 12시경 약속 장소에 도착했다. 후배인 고향 마을 수현 동생이 기다리고 있었다. 제부도로 가잔다.

자기 차로 갈 것을 계획 했으나 내가 차를 가지고 갔기에 내 차에 집사람과 후배와 셋이 타고 제부도로 향했다. 본인이 제부도에서 대접하고 싶은 뜻에 따른 것이다.

예정된 장소가 없기에 내비게이션으로 제부도 어느 식당을 검색하고 출발했다. 약 2시간 후 제부도에 도착했다. 내비게이션이 안내한 데로 갔었는데 우연하게 폰으로 검색했던 식당에 도착했다. 기계가 사람보다 똑똑하고 정확했다. 이게 다 문명의 이기다.

후배가 회를 주문한다. 요즘 민어 철이라 민어회 있느냐 물어보니 없단다. 13만 원짜리 모둠회를 주문했다. 얼마 전 심포동에서 먹었던 민어회 맛과는 질이 많이 떨어진다. 그러나 주변 경관이 한 몫을 한다. 식당 앞에는 끝없이 드넓은 바다 수평선이 펼쳐 있고 파도가 출렁거린다. 아름다운 서해 바다 풍경이다. 생선회맛보다 파도가 춤추는 바다 경관이 더 좋다. 회 맛보다 주변 경관이 더 값지게 느껴졌다.

회를 먹으며 어릴 적 고향 이야기와 그동안 살아온 이야기가 이어진다. 후배는 고향을 떠나 크게 성공한 인물이다. 농업고등학교를 나와 초등교사 임용 절차를 거쳐 교장으로 정년퇴임을 했다.

후배는 노력파다. 자기 발전을 위해 교육대학원 석사과정을 이수하고 누구보다 헌신적으로 이세 교육에 몸 바쳐왔으며, 고향 모교에 장학사업도 실시하고 있다. 그 외에도 신용협동조합을 설립하여 이사장직을 수행하고 있으며, 바둑에도 일가견이 있어 아마 5단으로 인천광역시바둑협회 초등연맹 회장을 맡고 있다. 또한 종교인으로서 감리교회 장로와 인천지방법원조정 위원으로 활동하고 있기도 하다. 시문학에도 조예가 깊어 90여 편의 시를 편집하여 소지하고 있다. 참으로 대단한 인물이다.

모처럼 만나 정담과 살아온 이야기를 하다 보니 시간 가는 줄 몰랐다. 나더러 어린 시절과 같이 명원형님이라 부르고 집사람에게는 평자누나라 부른다. 더 없이 다정하고 정답다. 정담을 주고 받다보니 시간 가는 줄 몰랐다.

오후 5시가 넘어서야 귀가 길에 올랐다. 그런데 바다길이 막혀있다. 제부도 섬 서쪽에 위치한 식당에서 식사를 하고 동쪽에 있는 연륙 길을 찾아오니 차단막이 설치되어 통행할 수가 없다. 밀물이 만조 되어 갯벌과 바다길 모두가 사라졌다. 섬 전체가 바다로 둘려 있다. 썰물 때만 나타나는 바다길이 없어진 것이다.

제부도는 밀물과 썰물 때를 잘 이용하여 육지와 연결되는데 모처럼 찾아간 우리들은 그런 상식이 없었다. 이야기에 심취해 물때를 놓친 것이다. 바다 길을 관리하는 사람이 이제 2시간 후에나 바다길이 다시 열린다 한다.

전화위복으로 그 시간을 이용해 제부도 관광길에 나섰다. 섬 주변을 돌며 관광을 시작했다. 섬 북쪽 해안에는 등대가 있고 유람선 식당과 낚시터가 있었다. 멀리 인천이 아득히 희미하게 보인다. 평일이서인지 낚시하는 사람만 보이고 아무도 없다.

다시 차를 돌려 섬 남쪽으로 돌았다. 촛대 바위처럼 기암이 우뚝 서 있고 주변 경관이 좋은 곳에 차를 세웠다. 이곳 촛대 바위는 썰물이 되면 육지가 되고 밀물이 들어오면 바다가운데 기암괴석으로 변한다. 우리 일행이 찾았을 때는 밀물의 영향으로 바다 속 기암괴석으로 변해 있었다. 썰물과 밀물에 따라 경관이 바뀌는 절묘한 곳이다. 그리고 그 옆에 모래사장이 펼쳐져 있고 파도가 주변을 넘실거린다. 우리 일행은 모래사장으로 내려 왔다. 모래사장은 밀물과 파도에 밀리며 바닷물에 침식되어 간다. 나는 파도가 철썩이는 모래사장을 따라 걸었다. 파도가 출렁이는 해변이 아름답고 낭만적이다.

커다란 파도가 솟구치며 일어나는 굉음소리는 묵은 체증을 내려준 듯 시원했다. 수 만년 바다물이 세척한 모래사장은 티끌 하나 없이 깨끗하다. 그런데 이 모래사장에 희한한 광경이 벌어지고 있었다.

갈매기 때가 석양노을 바라보며 줄지어 서 있다. 바람이 불어오는 황혼 빛을 바라보며 미동도하지 않고 부동의 자세로 서 있다. 석양노을을 감상하며 명상에 잠긴 듯 보인다. 무슨 사연인지 신기한 장면이다.

갯벌에서 먹이 사냥을 마치고 모래사장에서 휴식을 취하는 듯 생각 들기도 했다. 다시 생각해보니 바다가 고향인 갈매기는 밤이 되면 모래사장이 유일한 쉼터요 잠자리라 생각 들기도 했다. 모래사장 외는 쉴 곳이 없기 때문이다. 그러기에 모래사장이 보금자리가 되어 거기서 밤을 지새 운 듯싶었다.

다가가 만져 보고 싶었으나 날아갈까 봐 옆에 가질 않았다. 아름다운 해변에서 갈매기들과 무언의 대화를 나누며 낭만적인 시간을 만끽했다. 자연에 심취되어 평화롭고 즐거운 시간이었다. 바다길이 막힘이 오히려 고맙고 감사하게 느껴지기도 했다.

다시 점심을 먹었던 식당으로 왔다. 저녁식사를 조개 칼국수로 간단히 마쳤다. 두 시간이 지나고 저녁 7시가 넘어서 바다길이 열렸다. 조금 전 바다였던 곳이 썰물로 길이 생겨났다. 마치 모세의 기적과 같은 현상이 벌어진 것이다. 기적의 바다 길로 차가 달린다. 양쪽은 넓은 바다 수평선만 보인다. 다른 세상에서 운전하는 기분이다. 2㎞쯤 되어 보이는 바다 길을 꿈속인 양 달려왔다.

어두운 밤길, 내비게이션에 의존하여 후배 동생을 인천 집 근처에 내려 주고 영동 고속도로를 따라 집에 오니 밤 9시가 넘었다. 잊을 수 없는 추억거리를 선사해 주었다.

생각지도 않은 제부도 먼 길에 장시간 밤길 운전을 하다 보니 몹시 피곤하다. 집사람은 그 시간이면 고향에도 다녀왔겠다 말한다.

85세 노인이 오랜 시간 어두운 밤길에 운전을 했으니 자신이 대단하게 생각들기도 했다. 80이 넘은 친구들은 운전면허를 반환한다는데 아직도 난 차가 없으면 대중교통이 더 불편하다. 그러기에 의지로 능력이 미치는 한 운전을 계속하려 생각한다. 그것이 건강과 젊음을 유지하려는 나 자신만의 각오다.

제부도의 하루는 많은 추억거리를 남겼다. 비록 짧은 만남이지만 수많은 고향 이야기와 제부도의 낭만이 꽃피웠던 소중한 시간이었다.

바다길이 막힌 것도 고향선후배와의 정다운 시간을 더 주기 위해 마련된 배려인 듯 느껴지기도 했다. 의미 있고 값진 시간으로 오래도록 잊어지지 않은 추억으로 간직될 것이다.

추모 특집

故 류정득 님은 통영수산고와 부산수산대학을 졸업하고 고려대학교 경영대학원, 서울대학교 최고경영자 과정을 수료한 후 ㈜화양실업 대표이사 등을 거치면서 평생을 원양어업계에 헌신하였다. 2008년 『창작수필』 봄호에 늦깎이로 등단하여 문학활동을 활발히 하시다 2019년 2월 4일, 입춘날 영원한 안식에 드셨다.

'칼랑코에' 잘 있나요

故 류정득

수화기를 들자 첫마디에 "칼랑코에 잘 있나요?"라고 꽃의 안부를 묻는 C선배 부인. 오랜 공직생활을 퇴직하고 화분 가꾸기가 취미인 그 댁에는 사계절 꽃이 만발한다. 며칠 전에 들렀을 때 베란다의 꽃들을 구경하다가 어린애 웃음 같은 분홍색 꽃을 보았다. 이름을 물었더니 '칼랑코에'라 했다. 아내가 마음에 들어 하자 부인께서 꽃 뿌리 하나를 떼어 내어 조그마한 화분에 담아 주었다.

이 꽃이 어느새 다른 소품들과 함께 우리 집 식구가 되었다. 새 아파트로 이사 온 우리 집은 베란다가 따로 없이 방음벽 유리창으로 설계된 거실이라서 꽃을 가꾸기는 좋지 못한 환경이다. 그렇지만 난 쟁이 형제같이 작은 화분 20여 점이 한 가족을 이루고 있다. 이 꽃들은 종(種)이 다르고 입양된 사연도 각기 다르지만, 서로 어울려 다정다감하게 지내고 있다. 나의 하루도 이 꽃들과 아침 인사하는 것으로 시작된다.

열 손가락 깨물어 아프지 않는 게 있으랴마는, 애착이 더 가고 덜한 자식이 있음을 어찌하랴. 그러니 이 꽃들 중에서도 풍란 두 녀석이 유독 나의 마음을 끌고 있다. 하나는 큰아들이 이사 온 기념이라면서 가져온 것이고, 다른 하나는 내가 쌍둥이를 사서 한 놈은 M선생에게 보내고 한 놈은 내가 키우고 있는 것이다.

아들이 가져온 난은 자기 집에서 꽃을 피워 향기까지 가득 담아 왔다. 난향이 거실 가득 넘실대며 한 달여 집안 분위기를 봄기운으로 촉촉이 적셔주었다. 이럴 때면 나는 외출을 삼가고 난과 같이 놀아주기도 하고, 외출했다가도 이 난이 꼭 나를 기다리고 있을 것만 같아 얼른 돌아오곤 한다. 이렇게 온 거실에 향을 채워주던 난도 아쉬움을 남긴 채, 꽃이 시들고 난 잎만이 싱싱하게 그 자태로 또 다시 꽃 피울 준비가 한창인 것 같다. 이 분(盆)이 바쁜 아들 대신 아침저녁으로 우리에게 문안하는 것만 같다.

자기 짝과 헤어지고 내게 입양된 다른 풍란 한 촉은 아들의 풍란과 친구가 되어 다시 피울 꽃대를 밀어 올리느라 생기가 넘친다. 나는 다른 꽃들 눈치 채지 않게, 몰래 한 번 더 어루만져 주며 네가 제일 예쁘다고 살짝 말해준다. 그러고는 "멀리 있는 너희 짝도 너와 같이 그 댁 주인의 사랑을 듬뿍 받고 있노라"고 전해 주면 좋아 웃는 것만 같다. 이렇게 이 난과 대화를 하다보면 자기 짝을 사랑으로 가꾸고 있을 M선생 가족들 생각이 떠오른다.

많은 꽃 중에 조그마한 뿌리 하나 분양하고, 멀리 시집보낸 딸을 못 잊어 하듯, "칼랑코에 잘 있어요?"라고, 안부부터 묻는 C선배 내외의 전화 목소리가 가슴에 다가온다. '칼랑코에'가 알아듣고 미소를 머금고 나를 보고 웃고 있다. 나 역시 M선생에게 가끔 "우리 짝꿍 잘 있어요?" 하고 안부를 물어본다. 꽃을 가꾸면서 한 가족으로 지내다 보면 꼭 내가 낳은 자식 같은 마음이 든다.

꽃은 아름답다. 그러나 꽃보다 더 아름다운 것이 사람의 마음이라 하였다. 아름다운 꽃 속에 아름다운 마음을 담아 이렇게 꽃을 통하여 서로 따뜻한 정감을 나누는 것만으로 나의 일상에 활력소가 되고 있다.

역대 문학상 수상자 현황

	년도	회장	수상자	작품명	심사자
1대	1992~1993	이일헌			
2대	1993~1994	김순자			
3대	1995~1996	장돈식	장돈식	휴	회원
			정영숙	각시놀이	
			이일헌	한 잔의 술, 한모금의 차	
4대	1997~1998	오경자	강춘삼	2칸 누옥에 뜰은 수만 평	회원
			김아정	참빛 고르는 여인	
5대	1999~2000	김대수	정수현	흑백사진 속의 나라	조완호
			강대식	애처로운 인생	이유식
6대	2001~2002	조한금	이명지	중년으로 살아내기	유경환
			김지수	곁의 여자	정진권
			문부자	거시기	장백일
			신현우	방언 세 마디	정목일
7대	2003~2004	김병관	윤희경	나눗셈하는 콩밭	유경환
			강희준	어머니와 핸드폰	반숙자
			심성구	잔잔한 정감의 땅	안성수
			서숙자	아름다운 춤	박양근
8대	2005~2006	정철화	오기환	2월 같은 인생	고임순
			이금희	내 고향 봉평	정혜옥
			오경자	돌아간다	
			이봉길	다락방 창	
9대	2007~2008	조동렬	정정근	문	정목일
			김충환	3가지 보물	한동희
			박덕희	단풍예찬	

10대	2009~2010	전병훈	김희구자	칼 가는 노인	반숙자
			최오균	경계인으로 살아가기	문부자
			조한금	땅의 사람 바람의 사람	임헌영
			정영기	장미는 비에 젖고	유영숙
11대	2011~2011	서병태	신지호	지리산의 선인들	안성수
			류상훈	흐르는 물을 바라보며	
12대	2012~2013	이명지	정영숙	검정고무신	유안진
			권예자	수필이 나를 쓴다	반숙자
			김형도	돈황의 신비를 찾아서	
13대	2014~2015	이명지	김정의	스무 개의 눈으로도	신길우
			이진표	대물린 소쿠리	
14대	2016~2017	이봉길	허열웅	다듬이 소리	위원회
			이근순	내 짝궁	〃
			유영숙	바람의 무게	〃
			한정순	향기로운 사람	〃
15대	2018~	남복희	황덕중	하루	박양근
			신윤선	늙어가는 주전자	〃

헤이, 하고 네가 나를 부를 때

이명지는 동국대 예술대학원 문예창작학과를 졸업(문학석사)했으며 93년 봄 〈창작수필〉 신인상 당선으로 문단에 데뷔했다.

한국문인협회, 국제PEN클럽, 문학의집 · 서울, 동국문학인회, 창작수필문인회 회원으로 활동하고 있다.

아름답게 나이 들어가는 비결이 담긴 책 〈헤이, 하고 네가 나를 부를 때〉로 제32회 동국문학상(2019년)을 수상했다.

일상을 깊이 있고 따뜻한 시선으로 관조하는 글로 창작수필 동인문학상을 수상(2002년) 했으며 다년간 국민일보 '여의도에세이', 디지틀조선일보 '힐링에세이' 연재로 독자층을 넓혀왔다.

신문기자를 시작으로 편집국장, 발행인, 방송진행자 등을 거친 언론생활 20년, 대학 강단에서 10년 이력을 끝으로 집필에 전념하고 있다.

주요저서로는 수필집 『중년으로 살아내기』, 『헤이, 하고 네가 나를 부를 때』, 논문집 「전혜린 수필연구」 등이 있다.

*mjlee8978@hanmail.net

김은성 시조집

김은성 시조집

담쟁이 담을 넘다

문학신문 출판국

- 충남 금산 출생
- 『창작수필』, 『시조문학』 등단
- 한국문인협회, 수필가협회 회원
- 창작수필, 시조문학 회원
- 한국문인협회 관악지부 회장
- 수필집: 『두 번 피는 꽃』
- 시조집: 『담쟁이 담을 넘다』

문학신문 서울 · 서대문구 통일로 107-39, 223호
☎ 02-363- 3345 (F)02-363-9990

10,000

윤연옥 수필집

- 『창작수필』로 등단
- 수필집: 『내 삶의 반환점에서』 『쉬운 말이 그리워』 『그럼 그렇게 해』 『옳거니, 무릎을 치다』
- 동아방송 백일장 당선, 인천문학상, 인천펜문학상, 인천예총예술상, 인천문화상 수상
- 한국문인협회인천지회 부지회장(2년)
- 인천예총 이사, 남동문화원 편집위원 등으로 활동함
- 현재 국제펜 한국본부 이사, 에세이포레 편집자문위원, 주부수필 지도 중

열린나무 인천 · 연수구 송도문화로 28번길 81

값 14,000